本书获得江苏省高等学校自然科学研究面上项目（项目编号：17KJD570001）和
江苏海事职业技术学院科技创新基金（项目编号：kjcx2020-4）的资助

不同海啸波激发的港湾振荡

王天闻◎著

河海大学出版社
HOHAI UNIVERSITY PRESS
·南京·

图书在版编目(CIP)数据

不同海啸波激发的港湾振荡 / 王天闻著. —南京 ：河海大学出版社，2022.10(2023.7 重印)
ISBN 978-7-5630-7761-8

Ⅰ. ①不… Ⅱ. ①王… Ⅲ. ①港湾—振荡—研究 Ⅳ. ①U65

中国版本图书馆 CIP 数据核字(2022)第 198690 号

书　　名　不同海啸波激发的港湾振荡
书　　号　ISBN 978-7-5630-7761-8
责任编辑　王　敏
责任校对　吴　淼
封面设计　徐娟娟
出版发行　河海大学出版社
地　　址　南京市西康路 1 号(邮编:210098)
电　　话　(025)83737852(总编室)　(025)83722833(营销部)　(025)83786652(编辑室)
经　　销　江苏省新华发行集团有限公司
排　　版　南京布克文化发展有限公司
印　　刷　广东虎彩云印刷有限公司
开　　本　718 毫米×1000 毫米　1/16
印　　张　6
字　　数　106 千字
版　　次　2022 年 10 月第 1 版
印　　次　2023 年 7 月第 2 次印刷
定　　价　38.00 元

前言

我国东邻太平洋，海域辽阔，而环太平洋地震带发生的地震约占全球地震总数的80%，集中了全世界80%以上的浅源地震、90%的中源地震和几乎全部的深源地震。2007年日本大地震后，全球特别是环太平洋地震带进入活跃期。一旦发生地震，所激发的海啸将穿越东海大陆架到达我国东部及南部沿海地区。即使是较小的海啸波进入港内，一旦激发共振，波幅会被放大数倍，对港内造成不容忽视的影响。此外，外海气压和风速的骤变会形成周期远大于普通风浪和涌浪的长波，由于这种长波的运动和动力特性与地震或海底滑坡引发的海啸波相似，因此学者也称之为气象海啸。由于气象海啸引发的港湾内水波共振周期小于天文潮的周期却表现出类似潮汐的特性，因此国内也将之称为假潮。

实际海啸波的波形却是复杂多样的，目前学术界通常采用孤立波、波峰在前的N波及波谷在前的N波来表征海啸波。虽然现有的研究确认海啸（包括地震及海底滑坡等地壳运动产生的海啸和由于大气因素产生的气象海啸）可以激发港湾共振，然而这些不同形式的海啸波激发的港湾共振有何异同还不清楚。此外，现有成果主要针对特定港湾研究海啸波所引发的港内波动特性，一些港内出现较大的周期性水面波动，另一些港内则出现明显的增减水现象，然而这些不同波动背后所隐含的物理机制还不清楚。它们对进一步增进港湾共振本质认识，指导海啸灾害防护及进一步采取有效减灾措施有重要意义。

本书基于Boussinesq波浪模型，模拟孤立波、波峰在前的N波及波谷在前的N波三种不同特征海啸波所引发港内波动过程，揭示海啸波波动特征与其激发港内波动特性间的关系，比较分析海啸波进入不同港湾内的波动过程，基于港湾几何尺寸与入射波波长间关系解释海啸波在港内激发周期性共振及较大增减水的转变过程。本书详细内容如下：第一章介绍关于港湾共振的动力机制及国内外研究进展；第二章介绍基于完全非线性 Boussinesq 方程的数学模型，提出数值耗散层边界处理方法；第三章研究孤立波引发不同矩形港湾的共振机制及波动特性；第四章研究波峰在前的等边 N 波激发不同矩形港湾的共振机制及波动特性；第五章研究波谷在前的等边 N 波引发不同矩形港湾的共振机制及波动特性；第六章对本书主要结论进行总结。本书的主要特色和创新点如下：

（1）提出一种基于数值耗散模拟波浪无反射边界条件的数值耗散层方法，将其应用于 Boussinesq 数值模型以取代传统的数值海绵层方法，实现了对非线性长波的完全消波。

（2）揭示三种类型海啸波（孤立波、波峰在前的等边 N 波、波谷在前的等边 N 波）进入不同尺度矩形港湾引发的三种振荡机制，并提出量化指标对其进行划分，阐明三种海啸波特征波长与港湾尺度对港内波动特性的影响机理及港内能量的变化规律。

（3）提出三种海啸波（孤立波、波峰在前的等边 N 波、波谷在前的等边 N 波）进入矩形港湾引发最大波幅的拟合公式，揭示三种海啸波特征波长及矩形港湾几何参数对港内最大波幅的影响规律。

本书得到了江苏省高等学校自然科学研究面上项目“三类海啸波激发多尺度及地形港湾的水波共振机理研究”（项目编号：17KJD570001）和江苏海事职业技术学院科技创新基金“三类海啸波激发多尺度及地形港湾的水波共振机理研究”（项目编号：kjcx2020－4）的资助。

目录

第一章 绪论 …… 001
1.1 研究背景 …… 001
1.2 国内外研究进展 …… 003
1.2.1 理论研究 …… 003
1.2.2 物理模型实验 …… 005
1.2.3 数学模型实验 …… 006
1.3 海啸波表征形式 …… 009
1.4 本书的意义 …… 011
第二章 数学模型及数值耗散边界处理方法 …… 012
2.1 控制方程 …… 012
2.2 数值求解格式 …… 017
2.2.1 时间差分 …… 018
2.2.2 空间离散 …… 020
2.3 线源造波方法 …… 022
2.4 数值滤波 …… 023
2.5 基于数值耗散的波能吸收边界方法 …… 025
2.5.1 理论推导 …… 025
2.5.2 消波效果分析 …… 027
2.6 模型验证 …… 030
2.6.1 波浪在斜坡上的传播变形 …… 031
2.6.2 狭长矩形港湾内的水波共振 …… 032
2.7 本章小结 …… 034

第三章 孤立波激发的港湾共振 …… 035
3.1 理论基础 …… 035
3.1.1 入射波激发的港湾共振 …… 035
3.1.2 孤立波表达式 …… 042
3.2 数值模拟 …… 046
3.3 较短港湾内的水波运动 …… 047
3.4 中等长度港湾内的水波运动 …… 048
3.5 较长港湾内的水波运动 …… 049
3.6 能量变化 …… 052
3.7 港内最大波幅 …… 053
3.8 本章小结 …… 054
第四章 波峰在前的等边 N 波激发的港湾共振 …… 056
4.1 数值模拟 …… 056
4.2 较短港湾内的水波运动 …… 058
4.3 中等长度港湾内的水波运动 …… 060
4.4 较长港湾内的水波运动 …… 061
4.5 能量分析 …… 063
4.6 港内最大波幅 …… 064
4.7 本章小结 …… 066
第五章 波谷在前的等边 N 波激发的港湾共振 …… 068
5.1 数值模拟 …… 068
5.2 较短港湾内的水波运动 …… 069
5.3 中等长度港湾内的水波运动 …… 070
5.4 较长港湾内的水波运动 …… 072
5.5 能量分析 …… 075
5.6 港内最大波幅 …… 076
5.7 本章小结 …… 078
第六章 结论与展望 …… 080
6.1 结论 …… 080
6.2 展望 …… 081
参考文献 …… 082

第一章 绪论

1.1 研究背景

港口不仅是船舶安全进出、避风、维修、停泊的场所，同时能够为船舶、汽车、火车、飞机、货物、集装箱提供中转、装卸和仓储等综合物流服务。港内泊稳条件对货物装卸、旅客上下船的通航安全有着重要影响。当外海波浪传入港内时，若入射波浪的频率与港湾的共振频率一致，就会出现港内水面剧烈振荡的现象，称为港湾共振。港湾共振可以导致港内船舶剧烈晃动、碰撞、甚至缆索断裂，最终无法进行正常的作业，严重影响港口的正常运行并造成安全隐患。港湾共振还会引起口门处出现急流，严重影响港口的航行安全。

港湾共振现象很早就被观测到了，随着对其的逐步认识，它对航运安全与船舶在港内作业的影响逐渐显现出来，关于港湾共振事件的报道也越来越多。1979 年 3 月 31 日，由于气压突变，日本长崎湾(Nagasaki Bay)出现了周期为 35 min、最大振幅为 2.78 m 的共振[1]。1994 年 11 月 3 日，美国阿拉斯加州(Alaska State) Taiya Inlet 底端的游艇码头坍塌引起其附近的斯卡圭(Skagway)港内出现了周期约为 3 min，最大振幅为 1 m 的共振[2]。1995 年 10 月 11 日，意大利西西里岛(Sicily)马扎拉德尔瓦洛(Mazara del Vallo)港，观测到周期约 15 min，波幅为 1.5 m 的共振现象[3]。1999 年和 2000 年秋季，加拿大纽芬兰港(Newfoundland Port)均发现周期 10～40 min、振幅 2.0～3.0 m的共振[4]。地中海马耳他(Malta)群岛发现周期 20 min，振幅约 1 m 的共振现象[5]。意大利威尼斯湾(Venice Bay)内的里雅斯特湾(Trieste Bay)发现周期为 3.2 h，振幅为 1.6 m 的共振[6]。由于大气压力波动使得地中海梅诺卡(Menorca)岛周围产生长周期波浪，这些波浪引起相邻的休达德亚港(Ciutadella)与帕拉塔格兰港(Platja Gran)经常会出现波高可达 3 m 的共振

(该海域平均水深仅有 5.5 m),当地人称之为“rissaga”。研究表明这两个相邻港口的共振能量可以相互传递,形成一个耦合系统,且波动越剧烈这种效果越明显[7]。2006 年 6 月 15 日外海气压变化引起的长周期波浪激发休达德亚港(Ciutadella)产生最大波幅近 5 m 的港湾共振,近百艘停泊船只遭到不同程度的损坏,其中 35 艘沉入港湾[8]。

诱发港湾共振的因素是多种多样的。从共振的周期尺度可以划分为三种类型,其中小尺度的港湾共振[周期为 O(1 min)]一般认为是由普通的风浪和涌浪在非线性作用下生成的次重力波引起的;此外,由于折射作用而在岸线附近产生的边缘波也会引起较大幅度的港湾共振[9]。中尺度的港湾共振[周期为 O(10 min)],一般认为是地震及海底滑坡产生的海啸所引起的,如 2004 年 12 月 26 日印尼特大海啸传入距离震源 1 700 km 的斯里兰卡科伦坡(Colombo)港,引起周期约为 75 min、最大振幅为 3.87 m、持续数 10 天的共振[10];1992 年 1 月,我国海南省西南部海域(108°E,18°N)发生 3.7 级的地震,榆林验潮站记录到波高 0.78 m、周期约 30 min 的长波,榆林港内最大流速达到 1 m/s,导致渔船搁浅或碰撞,造成了较大损失[11]。由此可见,对于特定尺度的港湾,地震震级并非控制海啸波高的主要因素,海啸波激发的共振振幅往往数倍于海啸本身,并对港湾内造成意想不到的破坏。外海上空气团移动和气压突变可产生类似海啸的长波进而引起大尺度的港湾共振(周期为 O(100 min))[12]。1989 年 7 月 6 日,地中海巴利阿里群岛(Balearic Islands)出现共振周期在 10 min,波幅近 3 m 的共振,Gomis 等人[13]分析此共振现象主要是由外海气压突变和当地地形所致。Jong 和 Battjes[14]通过分析荷兰鹿特丹港(Rotterdam Harbour)的共振发现北海的暖湿气团引起该区域风速和气压的波动,随之产生向海岸传播的长周期波浪,最终引起港湾长周期振荡。

我国位于太平洋西岸,是个地震多发的国家,随着近年来太平洋、印度洋和亚欧板块地质运动活跃,对于东海和南海地震激发海啸的研究得到了科研工作者越来越多的重视。因为海沟多处于两个板块之间,构造运动频繁,因此是地震的多发地带。我国东海的冲绳海沟属于过渡型地壳,其深度达 1 000 ~ 2 000 m,坡度很陡、海沟内地壳运动活跃,属于潜在地震海啸的中危险地区。该区域一旦发生地震,激发的海啸波将穿越东海大陆架,危及我国东部沿海地区[15]。此外,马尼拉海沟俯冲带地处南海海盆东缘,南、北分别与民都洛省地震复杂构造带和台湾碰撞构造带相连,被认为是一条正在活动的、具有特殊构造意义的重要汇聚边界,因此马尼拉海沟更是地震激发海啸的高危险区域[16]，对广东、福建、海南、台湾等地区构成严重的威胁。外海气压和风速的骤变会形成周期远大于普通风浪和涌浪的长波[12]，由于这种长波的运动和动力特性与地震或海底滑坡引发的海啸波相似，因此学者也称之为气象海啸(meteotsunamis)。在国内我们将气象海啸引发的港湾共振称为假潮。

我国海岸线总长度 3.2 万 km，沿岸港口众多，国内关于共振现象的观测和记录资料十分丰富。渤海、黄海沿岸如龙口港[17]、小长山港[18]、大连老虎滩澳、胶州湾[19]、蓬莱[20]等及东南沿海沿岸如嵊山、长涂、大陈、坎门、三沙、平潭[21]和南海北部沿岸如汕尾、大万山、涠洲、海口、东澳[22]等都出现过假潮。以龙口港为例，在 1963—1993 年 30 年间共发生 274 次波高大于 20 cm 的共振，其中波高大于 50 cm 的较大振幅共振事件有 84 次；波高大于 80 cm 的特大振幅共振事件也有 24 次之多。1980 年 9 月 1 日在龙口港发生特大振幅假潮事件，其最大波高为 307 cm，约为该站平均潮差(91 cm)的 3 倍。这次事件最终造成码头 3 次进水，水深达数十厘米，并淹没了码头和海岸以及部分低洼地区，造成十分惨重的损失[23]。这种大幅度假潮经常出现在大风天气中，其叠加在高低潮位上造成水位急剧上升或下降，同时伴随流速的急剧变化，给沿岸居民日常生活、港口作业及航行安全带来极大的影响。

1.2 国内外研究进展

1.2.1 理论研究

从 20 世纪 50 年代开始，一些学者开始关注港湾共振的研究。Biesel 等人[24]和 LeMehaute[25]研究了常水深矩形港湾和变水深矩形港湾全开口门和半开口门不同条件下的共振现象。Miles 和 Munk[26]将矩形港湾直接连接外海，考虑了港内波浪在口门处向外辐射效应，采用以格林函数为基础的积分方程，探讨了连接开阔海域的矩形港池的共振问题，给出了港口发生共振的条件及共振放大因子的表达式。该研究还提出了在理想条件下随着港湾口门变小，港内共振不但没有减小反而增大的现象，这一现象就是著名的“港湾佯谬”(harbor paradox)，在当时引起了极大的争议，激发了更多学者对这一现象的研究兴趣。LeMehaute[27]认为在控制方程中引入黏性项可以消除此现象。Ippen 等人[28]通过理论和实验研究了外海波浪引起矩形港湾的共振现象。Ippen 和 Goda[29]基于 Miles 和 Munk 实验，研究外海入射波引发的矩形港湾的共振问题。不同于 Miles 和 Munk 使用点源函数求解共振问题，他们用傅里叶变换方法和分离变量法求解港外海域波浪场，结果与实验测量结果吻合较好。Ippen 等人[30]继而系统地研究了不同几何参数的变化对于矩形港口共振的影响。Wilson[6]系统地研究了典型几何特征（矩形、梯形、三角形、圆形等港湾不同地形情况）的港湾共振现象，求解出相应的共振模态及其特征参数。Mei 和 Ünlüata[31]采用渐进展开的方法研究了两个相连矩形港湾的共振现象，发现在某些条件下外港不仅不能减缓港口内的共振反而对其有加剧的效果。Mattioli 和 Tinti[32]基于 Helmholtz 方程用格林函数求解研究不同宽度的港池由正向和斜向入射波引起的共振问题。

国内学者 Yu[33]分析了上游河道对港湾共振幅值和共振频率的影响，研究表明上游河道对港湾共振起到一定的耗散作用。Wang 等人[34]基于线性浅水方程，给出了港内地形为固定坡度的港湾纵向共振解析解及横向共振解析解，在此基础上分析比较了水深变化对港湾共振的影响。研究发现与常水深港湾相比，变水深港湾的本征波数（频率）变低，而共振幅度随着水深变浅而增大。郑金海等人[35]从理论上给出了矩形封闭港湾的特征参数表达式，并采用 Boussinesq 模型模拟比较了矩形及其扩展形状港湾内的水波共振现象，研究表明矩形港湾短边界曲率的微小增加，可以使得港内能量分布到更多的模态，有利于改善其内的水波共振。郑金海等人[36]基于浅水长波假定，给出了正五边形封闭港湾内水波共振的解析表达式，发现正五边形封闭港湾内主要体现为类似一维港湾的单一波向上的共振，而产生共振的主要原因是壁面之间形成驻波。徐龙辉[37]基于水波理论，将波数 k 进行矢量分解，运用余弦定理推导出正六边形港池内各共振模态的理论频率值。通过改变正六边形一条边为曲线，分析边界条件对港内共振的影响。研究表明，正六边形港池对于改变边界的敏感度较高，将正六边形港池单侧边界改为曲线，使得港内能量更为集中，不利于改善港内共振现象。王岗等人[38]通过坐标变换将线性长波方程转换为基于椭圆坐标系的水波运动方程，并采用分离变量法分别得到马丢方程描述的极角方向运动方程和拓展型马丢方程描述的径向运动方程。用马丢函数与拓展型马丢函数的乘积来表示椭圆形港湾内的水波共振。

以上均基于线性理论对波浪传入规则形状港湾产生的共振现象进行研究，大多假设港内外水深相等，研究不同入射波传入各种规则形状港湾的响应机制及港湾几何特征与港湾本征频率的关系。

短波无法直接引起港湾共振，但是波群产生的非线性二阶长波可激发港湾共振。Bowers[39]以双色波垂直于口门入射到一个狭长型矩形港为例，第一次从理论上证实了波群在不发生破碎的情况下可以直接引发港湾共振。Mei和Agnon[40]假定一个口门宽度远小于长波波长、但大于短波波长的矩形港湾，使用渐近展开的方法研究了入射波群引起的长周期共振现象。Wu和Liu[41]假设矩形港湾外有两条防波堤，港湾口门宽度略大于短波波长，使用摄动展开法求得了入射波群引起的共振，研究了束缚长波和自由长波产生共振的机理。Wang等人[42]基于Boussinesq波浪模型研究外海正向入射波浪引起变水深港湾内横向共振，探讨横向共振的激发原理，结果表明横向共振的产生是其通过波浪非线性相互作用从纵向共振获得能量的过程。

港湾共振理论研究大多数都是针对规则形状和地形较为简单的港口（如具有矩形或圆形平面形状，水平或固定坡度地形的港口），研究港湾几何尺度及入射波性质对港湾共振的影响。虽然这些理论结果局限于几何形状及地形比较简单的理想条件下的港湾，但是它们对认识港湾共振的产生机理以及几何形状的影响起到了非常积极的作用。

1.2.2 物理模型实验

物理模型实验几乎可以真实地重现波浪传播变形及港湾共振等物理现象，因此物理模型实验为理论及数值研究提供了坚实的数据支撑。Ippen等人[28]及Raichlen和Ippen[43]利用实验研究矩形港池口门面向一个具有很大反射率的矩形海域，他们指出入射波传入港池后会有一部分能量辐射出口门，因此外海必须具有良好的消波能力才能避免外海波浪二次反射传入港内从而影响实验结果。Bowers[39]进行了波群通过狭窄矩形口门进入扇形区域的物理模型实验，证明了波群不发生破碎时其中的二阶长波传入矩形港湾内也可引发港湾共振。Rogers和Mei[44]研究了规则波引起不同长度矩形港湾的港湾共振现象，发现在某些条件下港内会出现非线性的高阶共振。Girolamo[45]通过物理模型实验研究在不同常水深地形下自由长波、双色波及随机波引起的长周期共振效应，验证了以上非线性理论研究。Dong等人[46]采用物理模型实验研究了刚性块体自由下落激发的冲击波引起的港湾振荡现象，发现滑坡引起的冲击波中具有孤立波特性的波浪成分对港湾共振起重要作用，而具有色散波特性的波浪成分对港湾共振的作用很小。具有孤立波特性的波浪成分传播较快，先达到港口立刻引发港湾共振，港内波幅没有经历长时间的响应过程直接达到最大，通过对位于港内顶端处的测点波面过程数据进行小波变换得到相应波面过程的小波谱，发现具有孤立波特性的波浪成分激发的港湾共振的能量主要集中在第一模态和第二模态。然而受技术条件和比尺效应的限制，许多物理现象还无法用物理模型实验来完成，比如气压突变产生的气象海啸激发的港湾共振等物理现象。

1.2.3 数学模型实验

数学模型实验可以考虑复杂的地形及港湾形状，且其成本低、效率高，因此成为港湾共振研究中最常用的研究手段。Lee[47]利用数值方法给出圆形港湾具有 60°、90°开口口门的解析解。Carrier 等人[48]通过研究狭长河道与外海相连的港口内水波共振问题发现河道长度所产生的效应类似于口门宽度的缩小。对于固定水深的港湾共振，一般采用边界元法求解 Helmholtz 方程，对于变水深条件下的共振研究，一般采用有限元法求解 Berkhoff[49]提出的缓坡方程。Lee[47]采用边界元法，数值模拟狭长矩形港湾的共振问题，其数值解与实测值吻合良好。Carrier 和 Shaw[50]用傅里叶变换方法研究矩形港湾通过渠道与外海相连时的响应机理，结果表明外海入射的波浪有部分能量被俘获在港内、部分能量通过渠道辐射出去，且渠道越长，俘获的能量越多。Hwang 和 Tuck[51]基于 Helmholtz 方程，利用在口门处港湾内部和外部波面相同、流速相等这一匹配条件研究了常水深任意形状港湾的共振问题。Carrier 等人[52]基于 Helmholtz 方程分析了连接外海和港湾的渠道对任意形状港湾共振的影响。Lee[47]运用边界元法，利用 Helmholtz 方程求解常水深任意形状的港湾共振问题，并进行了物理实验对其进行验证，二者吻合良好。Lee 和 Raichlen[53]在 Lee[47]基础上，进一步研究了两个连通港湾的共振问题，结果表明在一定条件下，当主港湾外接一个小港湾时不但没有起到减灾的效果，反而加剧了共振现象。Olsen 和 Li[54]随后提出了一个数值方法来确定任意形状、变水深条件下港湾的共振现象。Chen 和 Mei[55]采用 Berkhoff[49]提出的缓坡方程，提出混合单元法，对港湾内部变水深地形用有限元法进行计算，将港外区域简化为常水深，港湾外波浪视为入射波和辐射波的叠加，用常水深边界元法求解。Miles 和 Lee[56]给出了变水深条件下任意形状港湾的第一共振模态的数值解。Lepelletier[57]基于线性无黏性理论进行了一系列深水和适中水深条件下瞬时波入射完全开敞式口门的矩形港湾的数值模拟，并进行物理模型实验对其验证，计算结果与实验值吻合较好，特别是实验中矩形港湾后墙处得到的能谱同线性理论计算结果吻合很好。此研究发现线性理论甚至可以很好地模拟波幅较大的入射波，说明在一定条件下，线性理论仍适用于计算波幅较大时的港湾共振现象。Tsay 和 Liu[58]基于缓坡方程和混合单元法，开发了一套能够模拟折射、绕射效应并适用于变水深区域的数值模型。Tsay 等人[59]在此基础上对模型进行改进，考虑了顶端摩擦、波浪破碎、岸壁反射等效应，模拟了港湾共振现象。Houston 和 Garcia[60]采用 Chen 和 Mei[55]运用有限元法建立的数值模型计算了 1960 年智利海啸和 1964 年阿拉斯加州海啸与夏威夷（Hawaii）群岛作用，计算结果与实测资料吻合较好，表明在一定条件下线性理论能够很好地预测海啸和海岸地区的相互作用。

Helmholtz 方程和缓坡方程都属于线性方程，它们所描述的也都是线性的波浪传播运动。实际的海浪在近岸地区的传播过程具有明显非线性效应，不同频率波浪分量相互作用，发生波能的相互传递，产生低频波浪运动，线性模型不能描述这些现象。随着计算机技术的发展，基于 Boussinesq 方程的数值模型凭借其能够考虑波浪的非线性效应的优势成为描述波浪在近岸浅水区传播变形比较理想的模型。在 Boussinesq 方程发展过程中，通常采用两个重要的参数来表示非线性和频散性，一个是表示波幅与水深比值的非线性效应参数 $\delta=a/h_0$，另一个为表示水深与波长比值的频散效应参数 $\mu=h_0/l$。20 世纪 60 年代，Peregrine[61]利用级数展开法，选取水面高程和水深平均流速为变量，将连续方程及动量方程沿水深进行积分，简化三维为平面二维，提出可应用于变水深的浅水波浪方程，即经典 Boussinesq 方程。由于推导过程中假设 $O(\delta)=O(\mu^2)\ll 1$，导致经典 Boussinesq 方程仅适用于弱非线性及弱频散性区域。此后，许多学者纷纷针对此问题进行研究改进。Witting[62]用 Padé 展开技巧来改进 Boussinesq 方程的频散性，但仅限一维水深条件，无法应用至二维平面的计算。Madsen 和 Sørensen[63]通过在动量方程式中添加人工修正项改进 Boussinesq 方程，其频散关系式可满足至 Padé[2，2]近似精度。Nwogu[64]采用 0.53 的水深处水质点速度和自由波面为自由变量推导了一种替代型 Boussinesq 方程，使得方程色散性精度达到 Padé [2，2]。Schäffer 及 Madsen[65]综合以上两种方法，将方程的频散性扩展至 Padé [4，4]。上述 Boussinesq 方程都建立在非线性和频散性近似相等的条件下，但是波浪在近岸地区传播过程中由于浅化作用导致波高增加甚至在破碎的过程中其非线性远强于其频散性。为了能准确描述这一现象，Wei 等人[66]应用了 Nwogu[64]的推导方法，取 δ 为任意阶量，建立保留 μ^2 所有非线性项的方程，称为二阶完全非线性 Boussinesq 方程。Gobbi 等人[67]将 Wei 等人[66]的方程扩

展至更高阶的 $O(\delta^5\mu^4)$，提升其频散性及非线性适用范围，其频散性可满足至 Padé [4, 4]的近似，因此方程称为四阶全非线性 Boussinesq 方程。这些改进都使得方程的精度得到了不同程度的提高，扩大了它们的应用范围。

Raichlen 等人[68]使用有限元法来离散 Lagrangian 形式下的 Boussinesq 方程。他们使用该数值模型研究了一个水深从口门到海岸线线性减小的狭长型港口第一共振模态下瞬态和稳态的波动特性，数值模型的结果和物理模型实验结果吻合良好。Lepelletier[69]及 Lepelletier 和 Raichlen[70]基于经典 Boussinesq 方程运用有限元法建立数值模型，研究长波入射狭长矩形港湾时的瞬时共振问题，发现共振主要呈现第一共振模态时，非线性对共振的影响可忽略，线性解可以很好地描述港湾内水动力运动特征；对于较高的共振模态，非线性效果不可忽略。Nwogu[71]建立基于扩展 Boussinesq 方程的数值模型，研究了短波波群引起的长周期共振。模型中考虑了短波在浅化作用下产生的长波，并分析束缚长波在浅化过程中释放出来的自由长波在港内的响应。Woo 和 Liu[72]开发一个基于扩展 Boussinesq 方程的时域有限单元模型，计算结果与 Rogers 和 Mei[44]的实验值比较发现外海水动力条件用线性理论近似计算是合理的，在港内运用有限元法得到的二次和三次谐波数值解与实测值吻合较好。

近年来国内很多学者基于 Boussinesq 模型对港湾共振问题进行了深入的探讨。王岗等人[73]通过 Boussinesq 模型模拟了规则波和双色波引起的港湾共振瞬态现象，并借助基于小波变换的自相关二阶谱分析了在不同阶段港湾共振中的波波相互作用。他们发现在响应阶段与共振平稳阶段双色波引起的长周期共振不仅通过波波相互作用从其他波浪成分中获得能量，还通过波波相互作用向其他波浪成分输出能量；而在耗散阶段，长周期共振通过波波相互作用向其他波浪成分传递能量。Dong 等人[74]采用色散性保留到二阶的完全非线性 Boussinesq 方程，模拟了波群引起的狭长矩形港湾内的非线性共振现象，研究表明无论港湾共振与否，束缚长波和自由长波的波幅以及它们的相对成分都与短波波长有着密切的联系。Wang 等人[75]建立了一个能模拟底床运动产生波浪及波浪传播变形的 Boussinesq 模型，并用该模型模拟了港内底床运动引起的港湾共振现象。小区域的底床运动引起明显的横向共振，而纵向共振很小，且这些横向共振对运动底床的位置较敏感。大范围的底床运动引起的港湾共振主要是前几个低模态的纵向共振。史宏达等人[76]应用 MIKE21-BW 模型研究不同入射波周期作用下的矩形港池的共振机制，分析了波周期对港内波高分布的影响，并讨论了港内驻波共振的条件。殷学成等人[77]采用 MIKE21-BW 模型模拟了波浪进入圆形与双圆形两种形状港湾内引起共振时的能量演变过程，提出一种指数形式的公式来估计港口共振响应过程的时间。马小舟等人[78]采用 Boussinesq 数值波浪模型，模拟了不同波高的孤立波分别对常水深和变水深细长港作用时港内的响应。研究表明，孤立波传入一侧为开敞水域的细长港时，港内激发共振的能量主要集中在细长港前三个共振模态上，港口的响应频率与理论固有频率非常接近。孙忠顺等人[79]采用 MIKE 21-BW 模拟了在 N 波作用下复杂形状港内水体的响应。N 型波浪在进入港口后会引起港内水体的共振并被反射，港内波面扰动是一个随时间变化的瞬变波动过程。通过基于连续小波变换的时频分析结果发现，N 波引起的共振其能量主要集中在港湾共振第一模态上。董文凯[80]利用 MIKE 21-BW 模型，研究在白噪声随机波和孤立波作用下广西北海市铁山港规划港区内的波动过程，并提出耦合共振的概念。目前基于 Boussinesq 方程建立的数值模型已被证实可以高精度地模拟波浪从较深水域传播至近岸的传播过程，包括波浪折射、反射、绕射、水深变浅后的破碎、非线性作用产生高次谐波以及波流相互作用等在内的各种水波运动现象[81]，已成为研究波浪现象的经典模型。

1.3 海啸波表征形式

大洋地震的发生频率远超人们的想象，然而由于其引起的海啸波幅通常很小，并未造成严重灾害，因此未引起足够重视。然而这些波幅较小的海啸进入港湾后却可以激发使波幅放到数倍的港湾共振，造成的危害不容忽视。通常，港湾对入射波浪的响应过程是一个入射波浪在港内的捕获与积累过程，港内的水面波动是一个逐渐增加并达到最大的过程。而海啸引起的港湾共振现象是在其冲击波到达后港内自由水面就达到最大，其引起的共振现象具有强烈的非线性及瞬时性，因此共振一旦发生港口管理人员几乎没有时间采取有效的应对措施。

海啸研究中海啸波本身也有不同的表征形式，多年的海啸记录数据表明孤立波、波峰在前的 N 波及波谷在前的 N 波是最常见的三种海啸波波形（见图 1.1）。Hammack 与 Segur[82-86]两位学者在 20 世纪 70 年代发表的一系列文章中研究了海啸在固定水深条件下的生成和传播机制，通过物理模型实验研究了底床突然上升和下降形成任意形状的波面经过传播最终演化成孤立波的形式。Lee[87]和 Lee 等人[88]在均匀水深水槽实验中研究了运动物体激发长波的规律，在临界速度范围可以激发出孤立波列，为认识海底扰动激发波浪运动提供了实验结果和基本认识。1986 年，Synolakis[89]研究了孤立波在非破碎与破碎条件下的爬高问题，提出了孤立波在固定斜坡爬高的理论公式。此外，大量实测数据表明海啸传至近岸时呈现出类似字母 N 形的波面，如 1993 年 9 月 1 日的尼加拉瓜（Nicaragua）海啸，1994 年爪哇岛（Java Island）海啸等。1994 年 Tadepalli 与 Synolakis[90]根据实测资料提出了 N 波的概念，一类是波峰在前波谷在后的 N 波，另一类是波谷在前波峰在后的 N 波，给出了这两种 N 波的一般表达式，并基于浅水方程推导了 N 波在斜坡上的最大爬高公式。Madsen 和 Schaffer[91]在基于 KdV 方程的孤立波理论公式中加入可自由调节波形的系数，提出将单个的正孤立波与负孤立波叠加模拟实际海啸波。一些学者在此基础上运用数学模型开展海啸波引发港湾共振的研究。

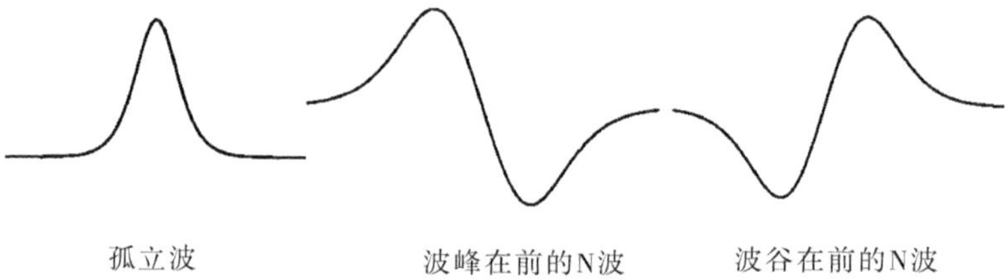

图 1.1　海啸波的三种常见形式

由深海地震，特别是以沿着断层面上下错动为特征的“倾滑型”地震，形成的海面波动为 N 波[92]。研究表明，海底地震震级较大时，N 波更符合实际海啸波的形态。图 1.2 为海底地震示意图，海底地震发生时，板块交界面的两端，一端翘起一端下沉。赵曦[15]基于简化的海底地震模型，选取 4 000 m 作为深海的特征水深，模拟不同震级海底地震生成的海啸波波形。研究显示，当地震震级小于 M 7.5 时，海啸波存在明显的色散性。当震级大于 M 7.5 时，波面呈字母“N”形。一侧为波峰在前的 N 波，另一侧为波谷在前的 N 波。通过上述研究可知，对于震级较大的海底地震，N 波比孤立波更适合表征海啸波。

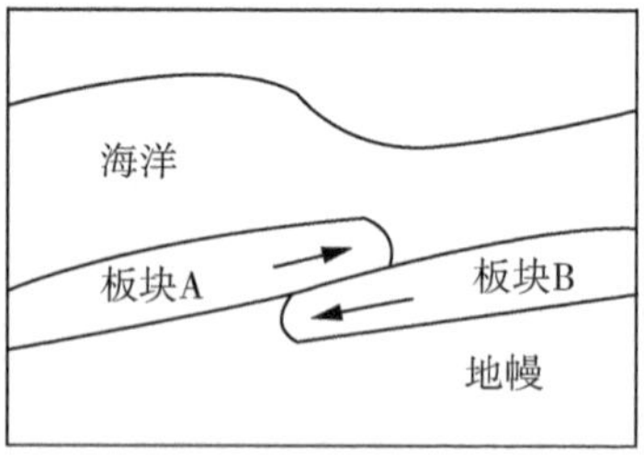

图 1.2　两板块错位示意图(赵曦[15])

1.4 本书的意义

目前海啸引发的港湾共振研究主要是基于实测资料分析特定港湾的共振特性以及通过建立数学模型模拟海啸波激发的实际港湾的共振现象。近海观测点记录的数据由于受地形及岸线等复杂因素的影响，是外海入射波与近岸反射波的叠加结果，很难真实反映海啸入射波特性，因此无法准确揭示海啸波引发港湾共振的机制。虽然大量的现场观测证实如海啸这样的长波（包括地壳运动产生的地震海啸、滑坡海啸与气象因素产生的气象海啸）可以激发港湾内剧烈的水波振荡现象，然而一些港湾内出现了持续时间较久的共振现象而一些港湾内却主要表现出剧烈的增减水现象，这些不同水波运动特性背后所隐含的物理意义还不清楚。目前学术界通常以孤立波与N波表征海啸波。事实上，孤立波通常表征越洋海啸，因为初始由地震引发的海啸波经过长距离的传播演化过程，频散波浪成分消失殆尽，主要以稳定波形的孤立波形式传播；而N波通常表征传播距离较近的区域海啸波，此时海啸波是具有孤立波特性的波浪成分与具有频散性波浪成分的叠加结果，波形在传播过程中进一步演化。虽然研究证实孤立波与N波均可激发港湾内的水波激烈振荡现象，然而这些不同海啸波激发港湾共振间的异同还不清楚。

随着波浪理论的发展及计算机技术的进步，数值模型，特别是基于Boussinesq方程的数值模型几乎可以高精度地模拟所有近岸长波现象。然而现有Boussinesq方程数值模型的吸收边界对于较强非线性的海啸波吸收效果并不是特别理想，海啸波在吸收边界处有部分波浪被反射至模拟区域影响整个模拟波浪场的精度。因此本书研究首先改进Boussinesq方程数值模型的吸收边界，实现对海啸波完全吸收的效果。在此基础上研究不同类型海啸波进入港湾后的波动现象，分析不同类型海啸波进入港湾后港内波动特性，揭示不同海啸波特征波长与港湾长度对港内波动特性的影响机理及港内能量的变化规律，讨论港湾长度、宽度及海啸波非线性对港内最大波幅的影响。

第二章　数学模型及数值耗散边界处理方法

本章详细介绍了 Wei 等人[66]提出的完全非线性 Boussinesq 方程，及其三阶预估计四阶校正的数值离散方法；采用线源造波方法改进模型，使其可以产生期望的目标波浪；提出一种基于数值耗散原理的开边界处理方法，提高了吸收边界对非线性长波的消波效果；通过模拟不同物理模型实验，检验了模型的计算能力。

2.1　控制方程

由于港湾共振中的波动振幅较大，对应的波长远大于水深，是一种弱频散性强非线性问题，因此本书选择 Wei 等人[66]推导的完全非线性 Boussinesq 方程为模型控制方程。

基于 Laplace 方程，采用波数 k_0 和水深 h_0 对空间坐标 x,y,z 和水深 $h(x,y)$ 无量纲化，用波幅 a 对水面位移 η 无量纲化。引入非线性参数 δ 和色散型参数 μ，将时间 t 无量纲化为 $[k_0(gh_0)^{0.5}]^{-1}$，速度势函数 ϕ 无量纲化为 $\delta h_0(gh_0)^{0.5}/\mu$，则理想流体的控制方程可以表示为：

$$\phi_{zz}+\mu^2\nabla^2\phi=0,\quad -h\leqslant z\leqslant\delta\eta \tag{2.1}$$

$$\phi_z+\mu^2\nabla h\cdot\nabla\phi=0,\quad z=-h \tag{2.2}$$

$$\eta+\phi_t+\frac{1}{2}\delta\left[(\nabla\phi)^2+\frac{1}{\mu^2}(\phi_z)^2\right]=0,\quad z=\delta\eta \tag{2.3}$$

$$\eta_t+\delta\nabla\phi\cdot\nabla\eta-\frac{1}{\mu^2}\phi_z=0,\quad z=\delta\eta \tag{2.4}$$

将式(2.1)从 $-h$ 到 $\delta\eta$ 对 z 积分，并应用式(2.2)和式(2.4)得到：

$$\eta_t + \nabla \cdot M = 0; \quad M = \int_{-h}^{\delta\eta} \nabla\phi \mathrm{d}z \tag{2.5}$$

对势函数 ϕ 进行展开得：

$$\phi = \phi_0 - \mu^2 (h+z) \nabla h \cdot \nabla\phi_0 - \mu^2 \frac{(h+z)^2}{2} \nabla^2 \phi_0 + O(\mu^4) \tag{2.6}$$

其中 ϕ_0 为 $z=-h$ 时的势函数，$z=z_a(x,y)$ 处的势函数为：

$$\phi_a = \phi_0 - \mu^2 (h+z_a) \nabla h \cdot \nabla\phi_0 - \mu^2 \frac{(h+z_a)^2}{2} \nabla^2 \phi_0 + O(\mu^4) \tag{2.7}$$

将(2.7)用于(2.6)得到：

$$\phi = \phi_a + \mu^2 (z_a - z) \nabla \cdot (h \nabla\phi_a) + \frac{1}{2}\mu^2 (z_a^2 - z^2) \nabla^2 \phi_a + O(\mu^4) \tag{2.8}$$

将(2.8)代入控制方程即可获得模型方程。

令 $u_a = \nabla_\phi |_{za}$，保留色散型到 $O(\mu^2)$，并保留所有阶的 δ，质量方程(2.5)中 M 为：

$$M = (h+\delta\eta)\left[u_a + \mu^2 \left\{ \left[\frac{1}{2}z_a{}^2 - \frac{1}{6}(h^2 - h\delta\eta + (\delta\eta)^2)\right]\nabla(\nabla\cdot u_a) + \left[z_a + \frac{1}{2}(h-\delta\eta)\right]\nabla(\nabla\cdot(hu_a)) \right\}\right] + O(\mu^4) \tag{2.9}$$

动量方程为：

$$u_{at} + \delta(u_a \cdot \nabla)u_a + \nabla\eta + \mu^2 V_1 + \delta\mu^2 V_2 = O(\mu^4) \tag{2.10}$$

式(2.10)中：

$$V_1 = \frac{1}{2}z_a^2 \nabla(\nabla\cdot u_{at}) + z_a \nabla(\nabla\cdot(hu_{at})) - \nabla\left[\frac{1}{2}(\delta\eta)^2 \nabla\cdot u_{at} + \delta\eta \nabla\cdot(hu_{at})\right] \tag{2.11}$$

$$V_2 = \nabla\left[(z_a - \delta\eta)(u_a \cdot \nabla)(\nabla\cdot(hu_a)) + \frac{1}{2}(z_a^2 - (\delta\eta)^2)(u_a \cdot \nabla)(\nabla\cdot u_a)\right] + \frac{1}{2}\nabla\left[(\nabla\cdot(hu_a) + \delta\eta \nabla\cdot u_a)^2\right] \tag{2.12}$$

式(2.5)和式(2.9)～(2.12)为特拉华大学海岸研究应用中心 Kirby 团队

基于 Wei 等人[66]推导的完全非线性 Boussinesq 方程开发的 FUNWAVE 模型[93]，用于计算近岸区域的波面变化过程。为了使之数值求解，模型中将方程(2.9)和(2.10)改写为：

$$\eta_t = E_1(\eta,u,v) + E_2(\eta,u,v) + f(x,y,t) \tag{2.13}$$

$$\begin{aligned}[U(u)]_t = {} & F(\eta,u,v) + [F_1(v)]_t + F_2(\eta,u,v) \\ & + F^t(\eta,u_t,v_t) + F_b + F_{bs} + F_{sp}\end{aligned} \tag{2.14}$$

$$\begin{aligned}[V(v)]_t = {} & G(\eta,u,v) + [G_1(v)]_t + G_2(\eta,u,v) \\ & + G^t(\eta,u_t,v_t) + G_b + G_{bs} + G_{sp}\end{aligned} \tag{2.15}$$

式中，u、v 分别为在 $z_a=-0.531h$ 处的水平速度；$f(x,y,t)$ 为造波源项；F_b 和 G_b 为顶端摩阻项；F_{bs} 和 G_{bs} 为亚格子(subgrid)紊动混合项；F_{sp} 和 G_{sp} 为边界吸收层项；U、V 分别定义如下：

$$U = u + h[b_1 h u_{xx} + b_2 (hu)_{xx}] \tag{2.16}$$

$$V = v + h[b_1 h v_{yy} + b_2 (hv)_{yy}] \tag{2.17}$$

对其每一时间步进行差分时，它们可以作为简单变量处理。

E、E_2、F、F_1、F_2、G、G_1、G_2 是 η、u、v、u_t 和 v_t 的空间导数，定义为：

$$\begin{aligned}E = {} & -[(h+\eta)u]_x - [(h+\eta)v]_y \\ & - \{a_1 h^3 (u_{xx} + v_{yy}) + a_2 h^2 [(hu)_{xx} + (hv)_{xy}]\}_x \\ & - \{a_1 h^3 (u_{xy} + v_{yy}) + a_2 h^2 [(hu)_{xy} + (hv)_{yy}]\}_y\end{aligned} \tag{2.18}$$

$$F = -g\eta_x - (uu_x + vu_y) \tag{2.19}$$

$$G = -g\eta_y - (uv_x + vv_y) \tag{2.20}$$

$$F_1 = -h[b_1 h v_{xy} + b_2 (hv)_{xy}] \tag{2.21}$$

$$G_1 = -h[b_1 h u_{xy} + b_2 (hu)_{xy}] \tag{2.22}$$

$$\begin{aligned}E_2 = {} & -\left\{\left[a_1 h^2 \eta + \frac{1}{6}\eta(h^2 - \eta^2)\right](u_{xx} + v_{xy})\right\}_x \\ & - \left\{\left[a_2 h\eta - \frac{1}{2}\eta(h+\eta)\right][(hu)_{xx} + (hv)_{xy}]\right\}_x \\ & - \left\{\left[a_1 h^2 \eta + \frac{1}{6}\eta(h^2 - \eta^2)\right](u_{xy} + v_{yy})\right\}_y \\ & - \left\{\left[a_2 h\eta - \frac{1}{2}\eta(h+\eta)\right][(hu)_{xy} + (hv)_{yy}]\right\}_y\end{aligned} \tag{2.23}$$

$$F_2 = -\left\{\frac{1}{2}(z_a^2-\eta^2)[u(u_x+v_y)_x+v(u_x+v_y)_y]\right\}_x$$

$$-\left\{(z_a-\eta)[u[(hu)_x+(hv)_y]_x+v[(hu)_x+(hv)_y]_y]\right\}_x \quad (2.24)$$

$$-\frac{1}{2}\left\{[(hu)_x+(hv)_y+\eta(u_x+v_y)]^2\right\}_x$$

$$G_2 = -\left\{\frac{1}{2}(z_a^2-\eta^2)[u(u_x+v_y)_x+v(u_x+v_y)_y]\right\}_y$$

$$-\left\{(z_a-\eta)[u[(hu)_x+(hv)_y]_x+v[(hu)_x+(hv)_y]_y]\right\}_y \quad (2.25)$$

$$-\frac{1}{2}\left\{[(hu)_x+(hv)_y+\eta(u_x+v_y)]^2\right\}_y$$

$$F^t = \left\{\frac{1}{2}\eta^2[(u_t)_x+(u_t)_y]+\eta[[h(u_t)]_x+[h(v_t)]_y]\right\}_x \quad (2.26)$$

$$G^t = \left\{\frac{1}{2}\eta^2[(u_t)_x+(v_t)_y]+\eta[[h(u_t)]_x+[h(v_t)]_y]\right\}_y \quad (2.27)$$

以某一水深处的速度 u_a 表示水平速度，其连续方程和动量方程分别简化为：

$$\eta_t = -E(\eta, u_a) \quad (2.28)$$

$$U_t^*(\mu_a) = -F(\eta, u_a) \quad (2.29)$$

$$\begin{cases} E = [(h+\varepsilon\eta)u_\alpha]_x \\ \quad +\mu^2\left\{(h+\varepsilon\eta)\left[\left(h\beta+\dfrac{h-\varepsilon\eta}{2}\right)(hu_\alpha)_{xx}+\left(\dfrac{h^2\beta^2}{2}-\dfrac{h^2-\varepsilon h\eta+\varepsilon^2\eta^2}{6}\right)u_{\alpha xx}\right]\right\}_x \\ F = \eta_x+\varepsilon u_\alpha u_{\alpha x} \\ \quad +\dfrac{\varepsilon\mu^2}{2}\{2(h\beta-\varepsilon\eta)u_\alpha(hu_\alpha)_{xx}+(h^2\beta^2-\varepsilon^2\eta^2)u_\alpha u_{\alpha xx}+[(hu_\alpha)_x+\varepsilon\eta u_{\alpha x}]^2\} \\ \quad +\dfrac{\mu^2}{2}[2\varepsilon\eta(hu_{\alpha t})_x+\varepsilon^2\eta^2 u_{\alpha tx}]_x \\ U^* = u_\alpha+\dfrac{\mu^2}{2}[h^2\beta^2 u_{\alpha xx}+2h\beta(hu_\alpha)_{xx}] \end{cases}$$

(2.30)

根据波浪理论，斯托克斯(Stokes)波的无因次色散关系式为：

$$\frac{C^2}{h}=\frac{\omega^2}{k^2h}=\frac{\tanh\kappa}{\kappa}=\frac{1}{1+\frac{\kappa^2}{3}}+O(\kappa^4)=\text{Padé}[0,2] \tag{2.31a}$$

$$\frac{C^2}{h}=\frac{\omega^2}{k^2h}=\frac{\tanh\kappa}{\kappa}=\frac{1+\frac{\kappa^2}{15}}{1+\frac{2\kappa^2}{5}}+O(\kappa^6)=\text{Padé}[2,2] \tag{2.31b}$$

式中，$\kappa=\mu kh$，代表相对水深。由 Stokes 波二阶解经无因次化后再泰勒展开至 $O(\kappa^8)$，则 Stokes 波二阶振幅系数为：

$$a_2=\frac{3}{4}\frac{a_1^2}{h}\frac{1}{\kappa^2}\left(1+\frac{2}{3}\kappa^2+\frac{7}{45}\kappa^4+\frac{2}{315}\kappa^6\right)+O(\kappa^8) \tag{2.32}$$

Stokes 波无因次二阶水平速度 u(表示 U 或 u_α)及水位 η 分别表示为：

$$u=u_1\cos\theta+\varepsilon u_2\cos2\theta \tag{2.33}$$

$$\eta=a_1\cos\theta+\varepsilon a_2\cos2\theta \tag{2.34}$$

式中，$\theta=kx-\omega t$。将式(2.33)及(2.34)代入式(2.28)及式(2.29)，合并相同阶数的物理量，可得 $O(\varepsilon^0)$：

$$\alpha_1\omega-u_1kh[1-\alpha_2\kappa^2]=0 \tag{2.35}$$

$$\alpha_1k-u_1\omega[1-\alpha_1\kappa^2]=0 \tag{2.36}$$

由式(2.35)可得：

$$u_1=\frac{a_1\omega}{kh[1-\alpha_2\kappa^2]} \tag{2.37}$$

将式(2.37)代入式(2.36)可得色散关系式：

$$\frac{C^2}{h}=\frac{\omega^2}{k^2h}=\frac{1-\alpha_2\kappa^2}{1-\alpha_1\kappa^2} \tag{2.38}$$

$O(\varepsilon)$：

$$2a_2\omega-2u_2kh(1-4\alpha_2\kappa^2)=\frac{\gamma a_1^2\omega}{h}(1-\alpha_2\kappa^2) \tag{2.39}$$

$$-2a_2k+2u_2\omega(1-4\alpha_1\kappa^2)=\frac{\gamma^2a_1^2\omega^2}{2kh^2}\left[1-\left(1+2\alpha_1+\frac{2}{\gamma}\right)\kappa^2\right] \tag{2.40}$$

式中，$\gamma = 1/(1-\alpha_2\kappa^2)$。式(2.39)、式(2.40)以矩阵形式表示如下：

$$\begin{bmatrix} 2\omega & -2kh(1-4\alpha_2\kappa^2) \\ -2k & 2\omega(1-4\alpha_1\kappa^2) \end{bmatrix}\begin{bmatrix} \alpha_2 \\ u_2 \end{bmatrix} = \frac{\alpha_1^2}{h}\begin{bmatrix} \gamma\omega(1-\alpha_1\kappa^2) \\ \dfrac{\omega^2\gamma^2}{2kh}\left[1-\left(1+2\alpha_1+\dfrac{2}{\gamma}\right)\kappa^2\right] \end{bmatrix} \tag{2.41}$$

求解式(2.41)的矩阵可得：

$$a_2 = \frac{a_1^2}{h}\left[\frac{2\gamma(1-\alpha_1\kappa^2)(1-4\alpha_1\kappa^2)+\gamma^2(1-4\kappa^2\alpha_2)\left[1-\left(1+2\alpha_1+\dfrac{2}{\gamma}\right)\kappa^2\right]}{4(1-4\alpha_1\kappa^2)-\dfrac{4(1-4\kappa^2\alpha_2)k^2h}{\omega^2}}\right] \tag{2.42}$$

结合式(2.38)再经泰勒级数展开可得：

$$a_2 = \frac{3}{4}\frac{a_1^2}{h}\frac{1}{\kappa^2}\left(1-\frac{4+15\alpha_1}{3}\kappa^2\right) \tag{2.43}$$

如取 $\alpha=-0.4$ 时，可得色散关系式和二阶振幅系数分别为：

$$\frac{C^2}{h} = \frac{\omega^2}{k^2h} = \frac{1+\dfrac{\kappa^2}{15}}{1+\dfrac{2\kappa^2}{5}} \tag{2.44}$$

$$a_2 = \frac{3}{4}\frac{a_1^2}{h}\frac{1}{\kappa^2}\left(1+\frac{2}{3}\kappa^2\right) \tag{2.45}$$

式(2.44)与式(2.31b)比较，可知其色散关系式满足 Padé[2,2]的阶数，且二阶振幅项的系数与式(2.32)相同，其值为 2/3。

2.2 数值求解格式

为了消除 Boussinesq 方程非线性和色散项更高阶的误差，在时间步长预测阶段采用三阶 Adams－Bashforth 格式，在校正阶段采用四阶 Adams－Moulten 格式。一阶空间导数项的离散采用五点差分公式，截断误差为四阶($O(\Delta x^4)$)，使得方程数值求解中的截断误差在空间和时间上均减小到四阶；二阶空间导数采用三点差分公式。高阶色散项的空间和时间的差分取二阶精度，这将再一次减小截断误差，使截断误差小于这些高阶色散项本身的大小，具体如下所述。

2.2.1 时间差分

预测阶段采用三阶显式 Adams-Bashforth 格式，公式如下：

$$\eta_{i,j}^{n+1} = \eta_{i,j}^{n} + \frac{\Delta t}{12}[23\,(E')_{i,j}^{n} - 16\,(E')_{i,j}^{n-1} + 5\,(E')_{i,j}^{n-2}] \tag{2.46}$$

$$U_{i,j}^{n+1} = U_{i,j}^{n} + \frac{\Delta t}{12}[23\,(F')_{i,j}^{n} - 16\,(F')_{i,j}^{n-1} + 5\,(F')_{i,j}^{n-2}] \tag{2.47}$$

$$G_{i,j}^{n+1} = G_{i,j}^{n} + \frac{\Delta t}{12}[23\,(G')_{i,j}^{n} - 16\,(G')_{i,j}^{n-1} + 5\,(G')_{i,j}^{n-2}] \tag{2.48}$$

这里：

$$E' = E + E_2 + f(x,y,t) \tag{2.49}$$

$$F' = F + (F_1)_t + F_2 + F_{br} + F_b + F_{bs} + F_{sp} \tag{2.50}$$

$$G' = G + (G_1)_t + G_2 + G_{br} + G_b + G_{bs} + G_{sp} \tag{2.51}$$

式(2.46)～式(2.48)右边项是已知量，由前一时刻信息决定。据此，可算出 $\eta_{i,j}^{n+1}$、$U_{i,j}^{n+1}$、$G_{i,j}^{n+1}$。而 $u_{i,j}^{n+1}$ 和 $v_{i,j}^{n+1}$ 则需要通过方程组求解得到。如对于 $u_{i,j}^{n+1}$，首先从公式(2.47) 计算出 $U_{i,j}^{n+1}$，然后将 $U_{i,j}^{n+1}$ 代入公式(2.16)的离散式，形成三对角方程组；对固定的 j，$u_{i,j}^{n+1}$ $(i=1,2,\cdots,M)$ 可以从所形成的三对角方程组解出；类似地，对于固定 i 可求 $v_{i,j}^{n+1}$ $(j=1,2,\cdots,N)$。由于(2.16)和(2.17)形成的方程组的三对角系数矩阵的元素不随时间变化，计算时可事先算出，以后每一步直接调用。校正阶段采用四阶 Adams-Moulten 格式，公式为：

$$\eta_{i,j}^{n+1} = \eta_{i,j}^{n} + \frac{\Delta t}{24}[9\,(E')_{i,j}^{n+1} + 19\,(E')_{i,j}^{n} - 5\,(E')_{i,j}^{n-1} + (E')_{i,j}^{n-2}] \tag{2.52}$$

$$U_{i,j}^{n+1} = U_{i,j}^{n} + \frac{\Delta t}{24}[9\,(F')_{i,j}^{n+1} + 19\,(F')_{i,j}^{n} - 5\,(F')_{i,j}^{n-1} + (F')_{i,j}^{n-2}] \tag{2.53}$$

$$V_{i,j}^{n+1} = V_{i,j}^{n} + \frac{\Delta t}{24}[9\,(G')_{i,j}^{n+1} + 19\,(G')_{i,j}^{n} - 5\,(G')_{i,j}^{n-1} + (G')_{i,j}^{n-2}] \tag{2.54}$$

式(2.52)～式(2.54)右边 $n+1$ 时刻的值均在预测阶段得到，$\{E',F',G'\}$在时间层$(n+1)$、(n)、$(n-1)$、$(n-2)$的值可由式(2.49)～式(2.51)得到。通过式(2.52)～式(2.54)算得新的 $\eta_{i,j}^{n+1}$、$U_{i,j}^{n+1}$、$V_{i,j}^{n+1}$后，再用前述方法再次解三对角矩阵算出 $u_{i,j}^{n+1}$和 $v_{i,j}^{n+1}$。

在求得$\{\eta,u,v\}_{i,j}^{n+1}$的校正值后，可进一步计算 $U_{i,j}^{n+1}$、$V_{i,j}^{n+1}$，再计算出新的$\{\eta,u,v\}_{i,j}^{n+1}$，这样进行循环迭代，可以提高计算精度减小误差。通常按两次迭代的$\{\eta,u,v\}$值的误差值小于一定要求来终止循环，这个误差值如下式给出：

$$\Delta f=\frac{\sum_{i=1}^{i=M}\sum_{j=1}^{j=M}|f_{i,j}^{n+1}-f_{i,j}^{*}|}{\sum_{i=1}^{i=M}\sum_{j=1}^{j=M}|f_{i,j}^{n+1}|} \tag{2.55}$$

式中，$f=\{\eta,u,v\}$；$f_{i,j}^{n+1}$和 $f_{i,j}^{*}$分别表示当前和前一次迭代计算结果。

对弱非线性情况，如果没有边界引起的误差问题，Δx、Δy 和 Δt 取值恰当的话，本书计算格式通常不需迭代；然而，对强非线性情况，本书计算格式需要迭代多次。进一步分析表明，迭代的结果在期望值附近振荡。为了增加收敛速度，在迭代过程中，应用了超松弛技术，如下式：

$$f_{i,j}^{r}=(1-R)f_{i,j}^{*}+Rf_{i,j} \tag{2.56}$$

式中，$f_{i,j}^{r}$为采用超松弛技术调整后的值；$f_{i,j}^{*}$、$f_{i,j}$分别表示迭代前和迭代后的值；R 是 0～1 的系数。

从式(2.24)和式(2.25)，可以看到在计算 F_2、G_2时，需要知道相应的 u_t和 v_t，同时$(F_1)_t$和$(G_1)_t$也是时间的导数，将这些量定义为 $w=\{u,v,F_1,G_1\}$，预测阶段时间导数表示为：

$$(w_t)_{i,j}^{n}=\frac{1}{2\Delta t}[3w_{i,j}^{n}-4w_{i,j}^{n-1}+w_{i,j}^{n-2}]+O(\Delta t^2) \tag{2.57}$$

$$(w_t)_{i,j}^{n-1}=\frac{1}{2\Delta t}[w_{i,j}^{n}-w_{i,j}^{n-2}]+O(\Delta t^2) \tag{2.58}$$

$$(w_t)_{i,j}^{n-2}=-\frac{1}{2\Delta t}[3w_{i,j}^{n-2}-4w_{i,j}^{n-1}+w_{i,j}^{n}]+O(\Delta t^2) \tag{2.59}$$

在校正阶段采用下列各式：

$$(w_t)_{i,j}^{n+1}=\frac{1}{6\Delta t}[11w_{i,j}^{n+1}-18w_{i,j}^{n}+9w_{i,j}^{n-1}-2w_{i,j}^{n-2}]+O(\Delta t^3) \tag{2.60}$$

$$(w_t)_{i,j}^{n} = \frac{1}{6\Delta t}\left[2w_{i,j}^{n+1} + 3w_{i,j}^{n} - 6w_{i,j}^{n-1} + w_{i,j}^{n-2}\right] + O(\Delta t^3) \qquad (2.61)$$

$$(w_t)_{i,j}^{n-1} = -\frac{1}{6\Delta t}\left[2w_{i,j}^{n-2} + 3w_{i,j}^{n-1} - 6w_{i,j}^{n} + w_{i,j}^{n+1}\right] + O(\Delta t^3) \qquad (2.62)$$

$$(w_t)_{i,j}^{n-2} = -\frac{1}{6\Delta t}\left[11w_{i,j}^{n-2} - 18w_{i,j}^{n-1} + 9w_{i,j}^{n} - 2w_{i,j}^{n+1}\right] + O(\Delta t^3) \qquad (2.63)$$

将$(F_1)_t$和$(G_1)_t$分别代入式(2.47)、式(2.48)右端，则方程中$(F_1)_t$和$(G_1)_t$化简为：

$$\frac{\Delta t}{12}\left[23\,(w_t)_{i,j}^{n} - 16\,(w_t)_{i,j}^{n-1} + 5\,(w_t)_{i,j}^{n-2}\right] = 2w_{i,j}^{n} - 3w_{i,j}^{n-1} + w_{i,j}^{n-2} \qquad (2.64)$$

将$(F_1)_t$和$(G_1)_t$分别代入式(2.53)、式(2.54)右端，则方程中$(F_1)_t$和$(G_1)_t$化简为：

$$\frac{\Delta t}{24}\left[9\,(w_t)_{i,j}^{n+1} + 19\,(w_t)_{i,j}^{n} - 5\,(w_t)_{i,j}^{n-1}\right] = w_{i,j}^{n+1} - w_{i,j}^{n} \qquad (2.65)$$

式中，$w=\{F_1,\ G_1\}$。

2.2.2 空间离散

对于空间一阶导数，采用五点差分格式。

x 方向：

$$(w_x)_{1,j} = \frac{1}{12\Delta x}(-25w_{i,j} + 48w_{2,j} - 36w_{2,j} + 16w_{4,j} - 3w_{5,j}) \qquad (2.66)$$

$$(w_x)_{2,j} = \frac{1}{12\Delta x}(-3w_{i,j} - 10w_{2,j} + 18w_{2,j} - 6w_{4,j} + w_{5,j}) \qquad (2.67)$$

$$(w_x)_{i,j} = \frac{1}{12\Delta x}\left[8(w_{i+1,j} - w_{i-1,j}) - (w_{i+2,j} - w_{i-2,j})\right],(i = 3,4,\cdots,M-2) \qquad (2.68)$$

$$(w_x)_{M-1,j} = -\frac{1}{12\Delta x}(-3w_{M,j} - 10w_{M-1,j} + 18w_{M-2,j} - 6w_{M-3,j} + w_{M-4,j}) \qquad (2.69)$$

$$(w_x)_{M,j} = -\frac{1}{12\Delta x}(-25w_{M,j} + 48w_{M-1,j} - 36w_{M-2,j} + 16w_{M-3,j} - 3w_{M-4,j}) \tag{2.70}$$

式中，$w=\{\eta,u,v\}$；M 为 x 方向上的网格点数。

y 方向：

$$(w_y)_{1,j} = \frac{1}{12\Delta y}(-25w_{i,1} + 48w_{i,2} - 36w_{i,3} + 16w_{i,4} - 3w_{i,5}) \tag{2.71}$$

$$(w_y)_{i,2} = \frac{1}{12\Delta y}(-3w_{i,1} - 10w_{i,2} + 18w_{i,3} - 6w_{i,4} + w_{i,5}) \tag{2.72}$$

$$(w_y)_{i,j} = \frac{1}{12\Delta y}[8(w_{i,j+1} - w_{i,j-1}) - (w_{i,j+2} - w_{i,j-2})],(j = 3,4,\cdots,N-2) \tag{2.73}$$

$$(w_y)_{i,N-1} = -\frac{1}{12\Delta y}(-3w_{i,N} - 10w_{i,N-1} + 18ww_{i,N-2} - 6ww_{i,N-3} + w_{i,N-4}) \tag{2.74}$$

$$(w_y)_{i,N} = -\frac{1}{12\Delta y}(-25w_{i,N} + 48w_{i,N-1} - 36w_{i,N-2} + 16w_{i,N-3} - 3w_{i,N-4}) \tag{2.75}$$

式中，$w=\{\eta,u,v\}$；M 为 x 方向上的网格点数。

实际中还存在三点的情形，三点差分格式为：

$$(w_x)_{1,j} = \frac{1}{2\Delta x}(-3w_{i,j} + 4w_{2,j} - w_{3,j}) \tag{2.76}$$

$$(w_x)_{1,j} = \frac{1}{2\Delta x}(w_{i+1,j} - w_{i-1,j}),(i = 2,3,\cdots,M-1) \tag{2.77}$$

$$(w_x)_{M,j} = \frac{1}{2\Delta x}(3w_{M,j} - 4w_{M-1,j} + w_{M-2,j}) \tag{2.78}$$

式中，$w=\{\eta,u,v\}$。

对二阶导数采用三点差分公式。

x 方向：

$$(w_{xx})_{i,j} = \frac{w_{i+1,j} - 2w_{i,j} + w_{i-1,j}}{(\Delta x)^2} \quad (i = 2,3,\cdots,M-1) \tag{2.79}$$

y 方向：

$$(w_{yy})_{i,j}=\frac{w_{i,j+1}-2w_{i,j}+w_{i,j-1}}{(\Delta y)^2}\quad(i=2,3,\cdots,N-1)\qquad(2.80)$$

混合导数采用：

$$(w_{yy})_{i,j}=\frac{w_{i,j+1}-2w_{i,j}+w_{i,j-1}}{(\Delta y)^2}\quad(i=2,3,\cdots,N-1)\qquad(2.81)$$

$$(w_{xy})_{1,j}=\frac{-3(w_{i,j+1}-w_{1,j-1})+4(w_{2,j+1}-w_{2,j-1})-(w_{3,j+1}-w_{3,j-1})}{4\Delta x\Delta y}$$
$$(i=2,3,\cdots\cdots,M-1)$$
$$(2.82)$$

$$(w_{xy})_{M,j}=\frac{3(w_{M,j+1}-w_{M,j-1})+4(w_{M-1,j+1}-w_{M-1,j-1})-(w_{M-2,j+1}-w_{M-2,j-1})}{4\Delta x\Delta y}$$
$$(i=2,3,\cdots,M-1)$$
$$(2.83)$$

在角点处：

$$(w_{xy})_{1,1}=\frac{1}{4\Delta x\Delta y}\begin{bmatrix}9w_{1,1}+16w_{2,2}+16w_{3,3}-12(w_{1,2}+w_{2,1})\\+3(w_{1,3}+w_{3,1})-4(w_{2,3}-w_{3,2})\end{bmatrix}$$
$$(2.84)$$

$$(w_{xy})_{1,N}=-\frac{1}{4\Delta x\Delta y}\begin{bmatrix}9w_{1,N}+16w_{2,N-1}+w_{3,N-2}-12(w_{1,N-1}+w_{2,N})\\+3(w_{1,N-2}+w_{3,N})-4(w_{2,N-2}-w_{3,N-1})\end{bmatrix}$$
$$(2.85)$$

$$(w_{xy})_{M,N}=-\frac{1}{4\Delta x\Delta y}\begin{bmatrix}9w_{M,N}+16w_{M-1,N-1}+w_{M-2,N-2}-12(w_{M,N-1}+w_{M-1,N})\\+3(w_{M,N-2}+w_{M-2,N})-4(w_{M-1,N-2}-w_{M-2,N-1})\end{bmatrix}$$
$$(2.86)$$

$$(w_{xy})_{M,1}=-\frac{1}{4\Delta x\Delta y}\begin{bmatrix}9w_{M,1}+16w_{M-1,2}+w_{M-2,3}-12(w_{M,2}+w_{M-1,1})\\+3(w_{M,3}+w_{M-2,1})-4(w_{M-1,3}-w_{M-2,2})\end{bmatrix}$$
$$(2.87)$$

2.3 线源造波方法

Boussinesq 模型通常采用域内源函数造波法，其原理是通过在控制方程加入周期性质量项或压力项，沿着造波区域中心线对称向两边造波。这一理论由 Wei 等人[94]进行改进，在线性方程中添加了反映期望波高与质量源的转换函数，并运用傅里叶变换进行求解。Larsen 和 Dancy[95]提出的线源造波法也是数值模型中常用的造波方法，学者针对线源造波法速度项的选取有两种不同的观点：一种观点认为造波公式应采用波浪相速度，另一种观点认为应采用波浪能速度。Lee 等人[96]研究比较了这两种观点发现，采用波浪能速度可精确实现造波。本次研究根据 Lee 等人[96]的结论，在造波线处将η^*代入控制方程中，造出需要的初始波面η^*为：

$$\eta^* = 2\eta^I \frac{C_e \Delta t}{\Delta x} \cos\theta \tag{2.88}$$

式中，C_e为波能速度。

$$C_e = C\left\{1 - \frac{(kh)^2}{3\left[1-\left(\alpha+\frac{1}{3}\right)(kh)^2\right]\left\{1-\alpha\,(kh)^2\right\}}\right\} \tag{2.89}$$

对于规则波，有：

$$C = \frac{\omega}{k} = \sqrt{gh\,\frac{1-\left(\alpha+\frac{1}{3}\right)(kh)^2}{1-\alpha\,(kh)^2}} \tag{2.90}$$

造波线与 y 轴平行。它的优势在于可以造成想要的初始波面。研究表明，线源造波方法可以精确地造出各种线性与非线性波浪，且不影响模型的稳定性。本书研究不同类型海啸波激发的港湾共振现象，需要在模型中产生不同非线性波浪，因此在 FUNWAVE 模型中添加此造波方法模块，具体步骤如下：首先在 FUNWAVE 模型 Wave_Maker_Preparation 模块中输入任意给定初始波面时间序列信号 η^I，然后在 Get_fs_ps 模块中根据公式(2.88)将初始波面时间序列信号 η^I进行转化，最后在 get_E_M_xi_M_eta 模块中将转化后的初始波面时间序列信号η^*添加到控制方程中实现造波。

2.4 数值滤波

数值滤波技术在数值模拟中占有重要的地位。在程序运行中，由于非线性的相互作用，将产生高频波。这些高频波波长很短(对给定的网格分辨率，最小波长是网格尺寸的两倍)。对这种高频波，由于水深与波长的比值较大，即使改进了色散性的 Boussinesq 模型也无法应用。这种高频波产生后，其波幅通常增长很快，并最终引起模型计算的溢出。消除这种高频波的一种有效的方法是数值滤波技术。以下对各种情况下的滤波进行详述。

本书采用 Shapiro 的四阶滤波器，该滤波器需要相邻 9 个点的原始数据来确定每个网格点上的新值。一维 9 点滤波器(1-D 9 point filter)为：

$$Z_i^* = \frac{1}{256}\begin{bmatrix}186Z_i + 56(Z_{i+1} + Z_{i-1}) - 28(Z_{i+2} + Z_{i-2}) \\ + 8(Z_{i+3} + Z_{i-3}) - 4(Z_{i+4} + Z_{i-4})\end{bmatrix} \tag{2.91}$$

三点、五点和七点滤波公式为：

$$Z_i^* = \frac{1}{4}[2Z_i + (Z_{i+1} + Z_{i-1})] \tag{2.92}$$

$$Z_i^* = \frac{1}{16}[10Z_i + 4(Z_{i+1} + Z_{i-1}) - (Z_{i+2} + Z_{i-2})] \tag{2.93}$$

$$Z_i^* = \frac{1}{64}[44Z_i + 15(Z_{i+1} + Z_{i-1}) - 6(Z_{i+2} + Z_{i-2}) + (Z_{i+3} + Z_{i-3})] \tag{2.94}$$

式中，$Z\{\eta, u, v\}$表示每个计算节点的原始计算值；Z^* 表示滤波后的值。

一维九点过滤器的灵敏函数表示为：

$$R = 1 - \sin^8\left(\frac{k\Delta x}{2}\right) = 1 - \sin^8\left(\frac{\pi L}{\Delta x}\right) \tag{2.95}$$

过滤器灵敏函数是波长与网格尺寸之比的函数。波长两倍于网格尺寸的波被完全过滤。R 的值随波长增加而增大，表明过滤器的滤波效果随波长的增加而减弱。

二维情况下相应的灵敏函数为：

$$R(l,\lambda) = \left[1 - \sin^8\left(\frac{l\Delta x}{2}\right)\right]\left[1 - \sin^8\left(\frac{\lambda\Delta y}{2}\right)\right] \tag{2.96}$$

式中，l 和 λ 分别为 x 和 y 方向上的波数。L_x 和 L_y 是 x 和 y 方向上的波长。以上的灵敏函数可转化为：

$$R = \left\{1 - \sin^8\left[\frac{\pi\Delta x}{L_x}\right]\right\}\left\{1 - \sin^8\left[\frac{\pi\Delta x}{L_y}\right]\right\} \tag{2.97}$$

2.5 基于数值耗散的波能吸收边界方法

2.5.1 理论推导

为了尽可能减少边界处的反射，Boussinesq 模型通常采用 Wei 和 Kirby[98]提出的海绵层来吸收波浪能，它能有效吸收相当宽的频率范围的波浪能。数值海绵层是通过在模型中人为添加阻尼项达到衰减波能的目的。由于在计算域内造波，可以在两端都布置海绵层，这样可以很好地控制边界处的反射，使得长时间模拟波浪传播成为可能。然而，采用海绵层吸收波浪的模型在运行时偶尔会出现无名的溢出现象，而且海绵层对孤立波无法达到完全吸收的效果。本节根据数值模型计算中网格越大数值耗散越明显的原理，提出一种基于数值耗散的开边界方法[97]。

式(2.9)与式(2.10)一维常水深线性化无因次表达为：

$$\eta_t + hu_x + \varepsilon(\eta u)_x + \mu^2(\alpha + 1/3)h^3 u_{xxx} = 0 \tag{2.98}$$

$$u_t + \eta_x + \mu^2 \alpha h^2 u_{xx} + \varepsilon u u_x = -w(x)u \tag{2.99}$$

式(2.99)右端项为数值海绵层，一般包括牛顿冷却、黏性阻尼和海绵过滤器。在实际模拟中只使用牛顿冷却就能达到很好的效果，所以这里$w(x)$仅考虑为牛顿冷却系数。对一阶导数采用五点差分格式[式(2.66)～式(2.70)]，对二阶导数采用三点差分格式[式(2.79)～式(2.87)]，式(2.99)离散为：

$$\begin{aligned} &u_i^t + \frac{8(\eta_{i+1} - \eta_{i-1}) - (\eta_{i+2} - \eta_{i-2})}{12\Delta x} + \mu^2 \alpha h^2 \frac{u_{i+1}^t - 2u_i^t + u_{i-1}^t}{(\Delta x)^2} \\ &+ \varepsilon u_i \frac{8(u_{i+1} - u_{i-1}) - (u_{i+2} - u_{i-2})}{12\Delta x} = -w_i u_i - \frac{\alpha h^2}{12}\frac{\partial^5 u_i}{\partial x^4 \partial t}\mu^2(\Delta x)^2 \\ &+ \left(\varepsilon \frac{u_i}{30}\frac{\partial^5 u_i}{\partial x^5} + \frac{1}{30}\frac{\partial^5 \eta_i}{\partial x^5}\right)(\Delta x)^4 + O[(\Delta x)^5] \end{aligned} \tag{2.100}$$

假设截断误差$(\Delta x)^2$与色散项μ^2量级相同，且$\delta(\Delta x)^4 \approx (\Delta x)^5$，则式(2.100)右端可写成：

$$-w_i u_i + \left(\frac{1}{30}\frac{\partial^5 \eta_i}{\partial x^5} - \frac{\alpha h^2}{12}\frac{\partial^5 u_i}{\partial x^4 \partial t}\right)(\Delta x)^4 + O[(\Delta x)^5] \tag{2.101}$$

在线性理论下，有：

$$\begin{aligned} u &= \exp[i(kx - \omega t)] \\ \eta &= \frac{\omega - \mu^2 \alpha h^2 \omega k^2}{k} u \\ \omega^2 &= hk^2 \frac{[1 - \mu^2(\alpha + 1/3)k^2 h^2]}{1 - \mu^2 \alpha h^2 k^2} \end{aligned} \tag{2.102}$$

则式(2.101)可以表示为：

$$-w_i u_i + \lambda \omega u_i (\Delta x)^4 + O[(\Delta x)^5] \tag{2.103}$$

式中，参数 $\lambda = ik^4 \dfrac{2 - 2\mu^2 \alpha h^2 k^2 + 5\alpha h^2}{60}$。

在通常模拟中，空间步长 Δx 保持不变，为 $L/40 \sim L/30$。海绵层宽约为 $2L$，而牛顿冷却系数表达为：

$$w(x) = \begin{cases} 0, & x < x_s \\ \alpha_1 \omega f(x), & x > x_s \end{cases} \tag{2.104}$$

式中，α_1 为固定的系数；ω 为要吸收波浪的角频率（对于随机波为其特征频率）；x_s 为海绵层的起始位置（结束位置为 x_e）。按照 Wei 和 Kirby[98] 的建议，$f(x)$ 取：

$$f(x) = \frac{\exp[(x - x_s)/(x_e - x_s)]^2 - 1}{\exp(1) - 1} \tag{2.105}$$

在实际计算中，海绵层从 n_s 到 n_e 一共 $n_e - n_s$ 个节点，式(2.105)可以表示为：

$$f(n) = \frac{\exp[(n - n_s)/(n_e - n_s)]^2 - 1}{\exp(1) - 1} \tag{2.106}$$

表示海绵层的阻尼系数从 0 逐渐增加到 α_1。

设想在一个数值耗散层内通过逐渐增大空间步长 Δx，利用数值耗散达到同样的消波效果。为了方便研究，此处忽略其他高阶耗散的影响，仅考虑式(2.103)第二项的数值耗散。此时的网格间距 Δx 不再恒定，而是逐渐增加的，表示为 $\zeta \Delta x$。若假定模型的数值耗散层与海绵层耗散效果相同，即：

$$w_i u_i = \lambda u_i (\zeta \Delta x)^4 \tag{2.107}$$

利用式(2.104)以及式(2.106)得海绵层处：

$$\zeta \Delta x = \left(\frac{\alpha_1}{\lambda}\right)^{1/4} \left[\frac{\exp[(n-n_s)/(n_e-n_s)^2]-1}{\exp(1)-1}\right]^{1/4} \tag{2.108}$$

式(2.108)右端的取值范围是[0，$(\alpha_1/\lambda)^{1/4}$]。显然，计算域的网格不能为 0，是从 Δx 开始。由于 λ 在不同波况时的取值也不同，且每次都需计算。为了避免这一问题，假定 $(\alpha_1/\lambda)^{1/4}=\beta$，其中参数 β 通过试算给出取值范围。为了更方便地表示这一变化，参考式(2.108)表示为：

$$\zeta \Delta x = \beta \left[\frac{\exp[(n-n_s+\tau)/(n_e-n_s+\tau)^2]-1}{\exp(1)-1}\right]^{1/4} \tag{2.109}$$

式中：

$$\tau = \frac{(n_e-n_s)\ln\left[\left(\frac{\Delta x}{\beta}\right)^4(\mathrm{e}-1)+1\right]}{2-\ln\left[\left(\frac{\Delta x}{\beta}\right)^4(\mathrm{e}-1)+1\right]} \tag{2.110}$$

2.5.2　消波效果分析

为了研究数值耗散层的消波效果，本书设计了 4 组数值实验。数值水槽如图 2.1 所示，整个水槽划分为 1 000 个网格(1 001 个节点)，水槽右端布置 81 个节点的海绵层，左端布置网格数同样为 81 个节点的数值耗散层。非数值耗散层空间步长 $\Delta x = 0.035$ m，数值耗散层空间步长按式(2.109)划分，其中参数 $\beta=15$，水槽为常水深 $h=0.3$ m，造波线位于水槽中点(第 501 个节点处)，时间步长 $\Delta t = 0.01$ s。

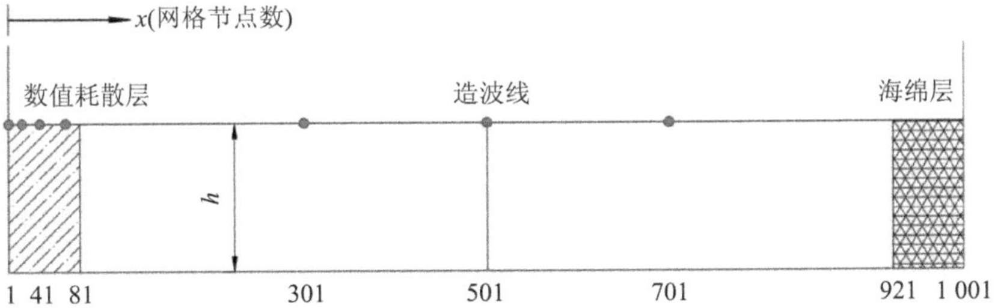

图 2.1　检验海绵层与数值耗散层吸收波浪效果的数值水槽示意图

首先模拟周期 $T=1.0$ s，波高为 $H=0.02$ m 的规则波在水槽传播过程。为了定量比较数值耗散层与海绵层的消波效果，图 2.2 比较了距离造波线 200 个网格左右 2 个节点处的自由水面过程。此时由造波线处生成的波浪早已传播到水槽两端，数值耗散层与海绵层均能很好地吸收波浪。二者吻合良好，几乎完全重合在一起。

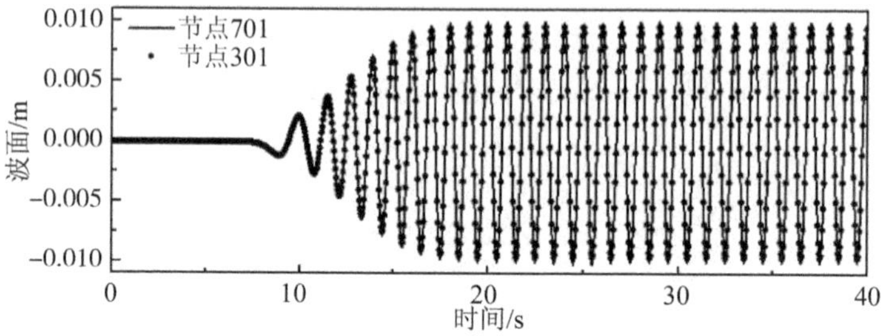

图 2.2　规则波模拟时不同节点处自由水面过程

利用同样的数值水槽，改变造波信号为孤立波，由于孤立波的波长远大于规则波，为实现更好的吸收效果，我们将海绵层网格增加至 100 个，数值耗散层也设置 100 个网格与海绵层进行比较。

非数值耗散层空间步长 $\Delta x=0.07$ m，数值耗散层空间步长按式(2.109)划分，其中参数 $\beta=15$，水槽为常水深 $h=0.3$ m，造波线位于水槽中点(第 501 个节点处)，时间步长 $\Delta t=0.01$ s。

图 2.3 显示了在节点 501 造波线处的波面时间序列。0～5 s 生成的孤立波向水槽两侧传播，海绵层方向的孤立波进入海绵层后被反射，反射波在 15 s 时经过节点 501 处，波高衰减 50%，表明海绵层无法完全吸收孤立波。

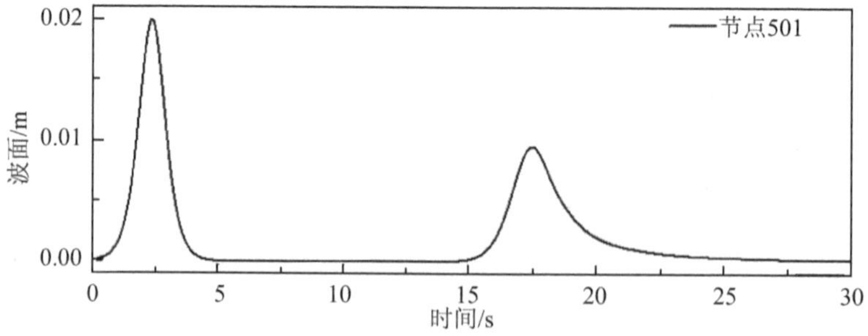

图 2.3　海绵层吸收孤立波的效果

数值耗散层的网格数及起始网格的空间步长是影响数值耗散层消波效

果的两个重要因素。本次研究设计了 4 组数值实验。数值水槽如图 2.4 所示，整个水槽划分为 1 000 个网格（1 001 个节点），水槽左右两端分别布置 101 个节点的数值耗散层。水槽为常水深 $h=1$ m，造波线位于水槽中点（第 501 个节点处）。实验模拟 4 组 $T=10$ s，$H=0.02$ m 的规则波进入数值耗散层的消波效果，4 组实验数值耗散层起始空间步长（数值耗散层之外的空间步长）分别为 $\Delta x=L/128$、$\Delta x=L/64$、$\Delta x=L/32$、$\Delta x=L/16$，数值耗散层空间步长按式（2.109）划分，其中参数 $\beta=15$。时间步长统一取 $\Delta t=0.1$ s。在数值耗散层（$901\Delta x-1\ 001\Delta x$）内每隔 5 个网格节点布置一个测点，记录波浪的衰减过程。

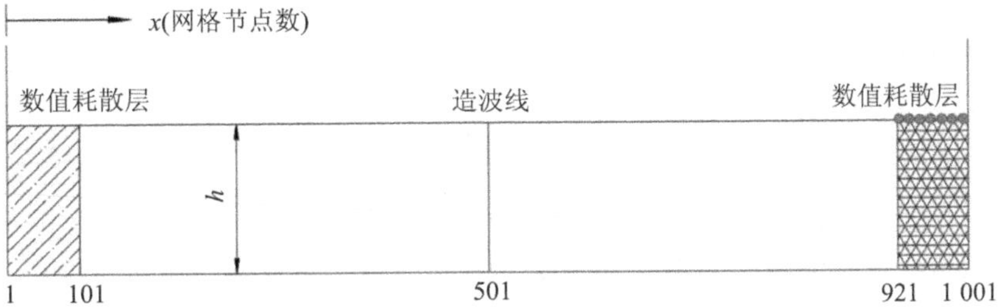

图 2.4　检验数值耗散层吸收波浪效果的数值水槽示意图

图 2.5 显示，当数值耗散层的起始空间步长 $\Delta x=L/16$，波浪进入数值耗散层后衰减明显，规则波在数值耗散层第 5 个网格节点至第 20 个网格节点区间波高由其 96% 衰减至 12%；当数值耗散层的起始空间步长减小至 $\Delta x=L/32$、$\Delta x=L/64$ 时，数值耗散层前 20 个网格区间对规则波的消波效果不明显，波高衰减小于 5%，但在数值耗散层第 20 个网格节点至第 40 个网格节点区间波高衰减 90% 以上；当数值耗散层的起始空间步长减小至 $\Delta x=L/128$ 时，规则波进入数值耗散层传至第 30 个网格节点时波高仅衰减 4%，数值耗

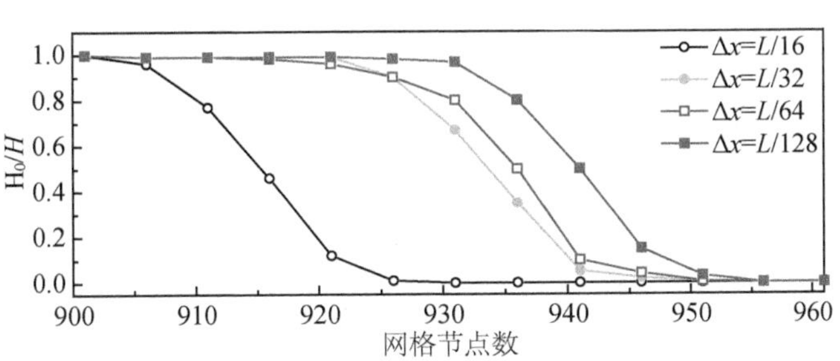

图 2.5　规则波进入不同起始空间步长的数值耗散层的衰减效果

散层第 30 个网格节点至第 50 个网格节点区间波高衰减 93%。通过实验可知数值耗散层的起始空间步长较大时,数值耗散层可以通过较少的网格数实现良好的消波效果,反之数值耗散层的起始空间步长较小时,想要达到同样的消波效果则需要较多的网格数。

本书的模拟表明,若耗散层网格较少,则耗散层的反射较大;若耗散层网格较多,虽然消波效果很好,但增加了计算网格数,使得计算时间也随之增加。图 2.6 显示了数值耗散层对正弦波和孤立波实现完全消波条件下网格数与空间步长的关系曲线,由于数值耗散层对 N 波的吸收效果介于孤立波和正弦波之间,因此 N 波采用孤立波消波关系曲线时也可实现完全的消波效果。数值模拟中当给定初始波形及空间步长时,即可根据图 2.6 来设置数值耗散层网格数来达到完全的消波效果。对于规则波,当空间步长 Δx 取值为 $L/128$～$L/16$时,通常数值耗散层取 25～50 个网格,即可达到很好的吸收效果;而对于孤立波和 N 波空间步长 Δx 为 $L/128$～$L/16$ 时,通常数值耗散层取40～70 个网格即可达到很好的吸收效果。在整个模拟过程中,数值耗散层表现出良好的稳定性,没有出现计算溢出的现象。

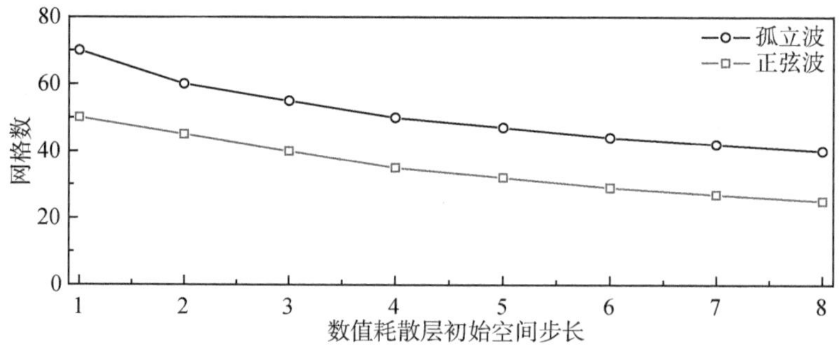

图 2.6　完全消波条件下数值耗散层初始空间步长与网格数的关系曲线

2.6　模型验证

针对改进后的数值模型,本节通过物理模型实验来验证模型模拟波浪传播变形及港湾共振的能力。

2.6.1 波浪在斜坡上的传播变形

为了验证本书所采用的 Boussinesq 模型模拟波浪演化变形的能力，本书模拟董国海教授团队的波浪在斜坡上传播实验，通过与实验数据比较，验证模拟结果的正确性。

如图 2.7 所示，在实验中选取 8 个波浪测高仪数据(表 2.1)，水槽长度为 24.5 m，水深 0.45 m，由 $x=18$ m 处以 1∶10 坡度向上延伸至 $x=21.5$ m 处，此时水深为 0.1 m。模拟采用网格为 1 000Δx，空间步长为 $\Delta x=0.05$ m，时间步长 $\Delta t=0.02$ s。模型左侧布置造波带产生波浪，右侧布置数值耗散层模拟开边界。模拟时间为 50 s，此时水槽达到稳定状态。

表 2.1 波高仪位置

波高仪序号	1#	2#	3#	4#	5#	6#	7#	8#
造波板距离/m	16	18.5	19	19.5	20	20.5	21	23

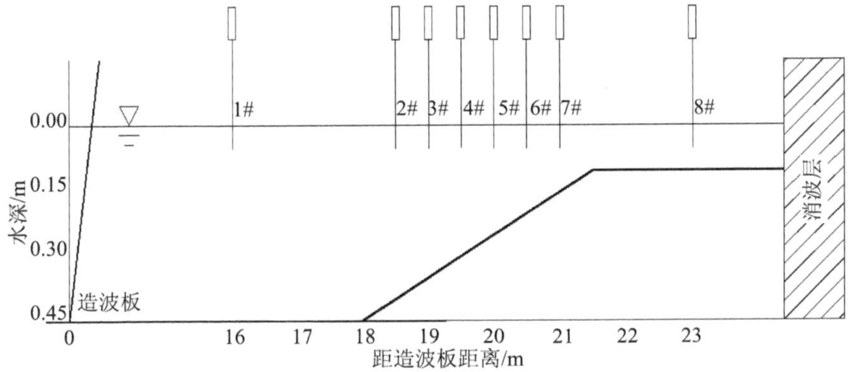

图 2.7 规则波斜坡传播波高仪沿程布置示意图

图 2.8 为规则波($T=1.0$ s，$H=0.05$ m)斜坡传播实验数据与模拟结果的比较。在水深较深的常水深区域(测点 1#)，非线性较弱，波面上下对称，为正弦过程；随着水深的逐渐减小，非线性逐渐增强，波面上下越来越不对称。在整个波浪变浅的过程中，实测值与模拟结果波峰和波谷均吻合良好，且波浪周期随着水深变浅逐渐增加。

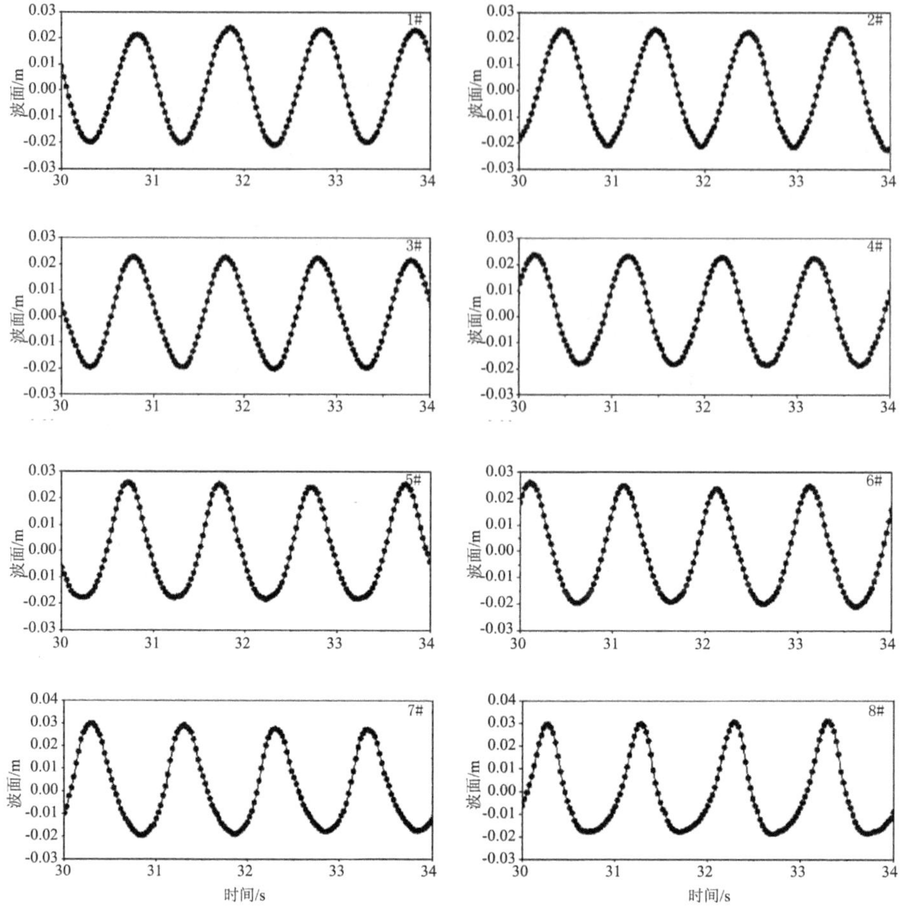

图 2.8　规则波实验数据与模拟结果比较(T=1.0 s,H=0.05 m)
(—表示实验数据;●表示模拟结果)

2.6.2　狭长矩形港湾内的水波共振

Lee[47]通过物理模型试验研究不同频率的规则波在狭长矩形港湾内的放大现象。如图 2.9 所示,实验在一个长为 9.58 m,宽为 4.70 m 的波浪港池中进行。港池一侧布置造波机产生波浪,另一侧设置长度 l=0.31 m,宽度 b=0.06 m 的模型窄港。模型窄港内外水深相等,为 h=0.21 m。模型窄港顶端布置电阻式波高仪记录港内波面数据。波浪港池边墙设置消波装置吸收实验中的反射及辐射波。整个实验模拟了 132 组频率范围为 0.5～2 Hz 的规则波进入港湾后的波动现象。

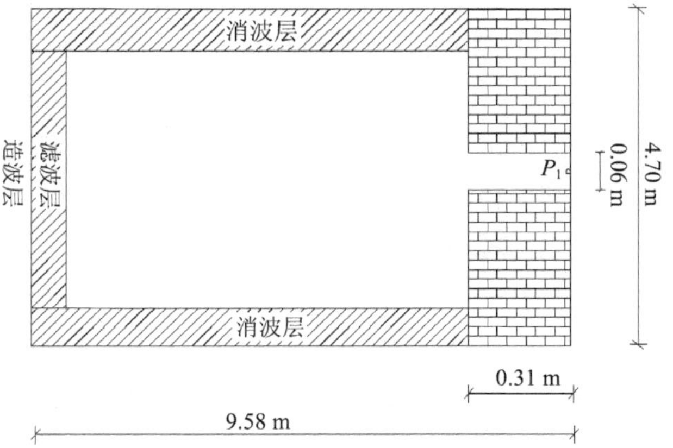

图 2.9 Lee[47]的实验平面布置图

数值模拟港湾尺寸及平面布置与 Lee[47]的物理实验一致。模型网格空间步长 $\Delta x=\Delta y=0.01$ m，时间步长 $\Delta t=0.001$ s，模拟时间为 1 000 s，此时港内波面保持较长时间平稳状态以便于分析港内波动特性。在吸收边界及造波线后方布置数值耗散层来实现消波。数学模型模拟了多组波高为 0.02 m，频率范围为 0.5～2 Hz 区间的规则波传入窄港引起的波动现象。

邹志利[99]基于线性理论研究了矩形港湾对不同频率规则波的响应机制，在港湾内外水深相等的假设下，推导了外海波浪垂直入射狭长矩形港湾引起纵向共振的解析表达式。本节根据邹志利的理论结果，得到港湾共振放大因子随无因次波数 kl 变化的理论曲线，与 Lee 实验数据及本书模拟结果一同绘于图 2.10。由于理论推导没有考虑底部及侧边的摩擦响应，得到共振时刻的放大因子大于实验数据和模拟结果。

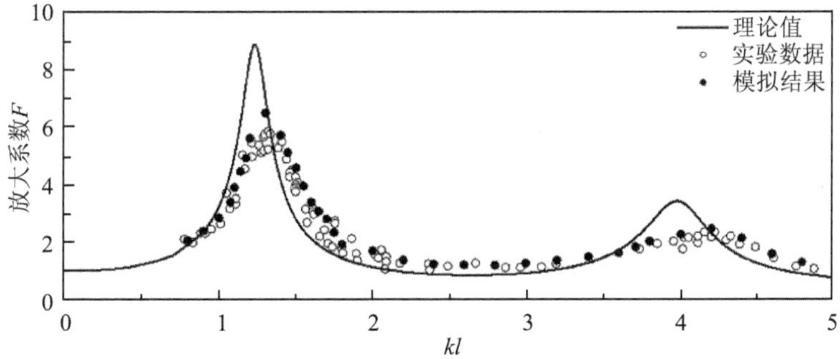

图 2.10 矩形港随 kl 变化的理论放大因子及模拟值与 Lee 实验数据的比较

模拟结果与实验数据总体吻合较好。由于数值模型中没有考虑港湾底部及边壁的摩擦而引起的能量损耗，其结果略大于实验数据。模拟结果显示港湾第一及第二模态的共振频率及放大因子均与实验数据吻合良好，可见 Boussinesq 模型可以精确地模拟不同频率波浪进入港湾后引发的共振现象。由于邹志利的理论值推导过程基于 $kb \ll 1$ 的前提条件，而在 Lee 的实验中，第一模态响应区间 $kl=1.3$ 时 $kb=0.26$，不能较好地满足 $kb \ll 1$ 的假定，因此理论值对应的响应区间较实验数据与模拟结果有一定的误差。同样，第二模态响应区间 $kl=4.2$ 时 $kb=0.85$，其误差更加明显。可见，随着 kl 的增大，对应 kb 值也越来越不能满足 $kb \ll 1$ 的前提假设，因此理论值与实测数据及模拟结果的差异也越来越明显。然而数值模拟结果与模型实验值吻合良好，表明 Boussinesq 模型可以很好地模拟港湾共振现象。

2.7 本章小结

基于线源造波理论改进 Boussinesq 波浪模型中的造波方法，生成研究所需的任意初始波形，从理论上提出一种利用数值耗散模拟波浪无反射边界条件的方法。通过模拟规则波在水槽的传播，表明该方法与海绵层具有相同的消波效果，对孤立波及两种 N 波的消波效果要明显优于海绵层。由于该方法不需要修改模型代码，仅需在开边界处增加一段网格逐渐增加的耗散带，操作简便，不存在模型计算溢出的现象，有很强的实用性。

采用董国海教授团队的规则波斜坡传播物理实验对数值模型进行验证，表明了该数值模型能够精确描述波浪的传播变形及非线性演化过程。与 Lee 实验比较表明该模型可以很好地模拟出港湾对不同频率入射波的响应机制，可以研究海啸波进入港湾后的波动情况。

第三章　孤立波激发的港湾共振

大量实测资料表明，远场海啸经过长距离演化后，色散波成分逐渐耗散殆尽，主要以孤立波形式传播，因此通常以孤立波表示海啸[100]。Dong 等人[46]采用物理模型实验模拟了滑坡引起的冲击波激发的港湾共振现象，发现具有孤立波特性的波动成分在港湾共振中起着重要作用，然而并未进一步研究孤立波传入不同长度的港湾后引发港内的波动差异。本章首先介绍了入射波激发矩形港湾共振的理论公式及孤立波波面方程，基于数值模型进一步研究在不同波况及港湾长度情况下，孤立波特征波长与港湾长度之间的关系对港湾共振的影响。

3.1　理论基础

3.1.1　入射波激发的港湾共振

本书理论分析采用邹志利[99]提出的狭长型矩形港湾共振频率公式。狭长型矩形港湾长 a，宽 b，港内外为常水深 h。港湾口门处连接外海，波浪垂直于口门入射。

设速度势函数为：

$$\phi = \phi(x, y)\,\frac{\mathrm{ch}k(z+h)}{\mathrm{ch}kh}\mathrm{e}^{-\mathrm{i}\omega t} \tag{3.1}$$

式中，ω 为入射波浪角频率；k 为波数，且两者满足色散关系 $\omega^2 = gk\tanh kh$；$\phi(x, y)$ 为势函数的空间分量。式(3.1)满足水底边界条件和自由表面边界条件：

$$\frac{\partial \phi}{\partial z} = 0, \quad z = -h \tag{3.2}$$

$$\frac{\partial^2 \phi}{\partial t^2} + g\frac{\partial \phi}{\partial z} = 0, \quad z = 0 \tag{3.3}$$

无旋流体的势函数满足 Laplace 方程$\nabla^2\phi=0$，此时 ϕ 满足 Helmholtz 方程：

$$\frac{\partial^2 \phi}{\partial x^2} + \frac{\partial^2 \phi}{\partial y^2} + k^2\phi = 0 \tag{3.4}$$

连接外海的港湾，流场分为港湾内和港湾外两部分。在狭长型港湾内($x<0$)可忽略港内横向的波动，仅存在一维的纵向波动。港湾顶端为固体边壁，法向速度为零，满足下式：

$$\frac{\partial \phi}{\partial x} = 0, \quad x = -a \tag{3.5}$$

因此，在港湾内，满足式(3.4)和(3.5)的速度势 ϕ_{in} 解为：

$$\phi_{\text{in}} = -\mathrm{i}\,\frac{2gA}{\omega}\cos k(x+a) \tag{3.6}$$

式中，A 为波幅。对应的波面 η_{in} 为：

$$\eta_{\text{in}} = -\frac{1}{g}\frac{\partial \phi}{\partial t}\bigg|_{z=0} = 2A\cos k(x+a)\mathrm{e}^{-\mathrm{i}\omega t} \tag{3.7}$$

在外域，设入射波的速度势 ϕ_{co} 和波面 η_{co} 为：

$$\phi_{\text{co}} = -\mathrm{i}\,\frac{gA_0}{\omega}\,\frac{\mathrm{ch}k(z+h)}{\mathrm{ch}kh}\mathrm{e}^{-\mathrm{i}(kx+\omega t)} \tag{3.8}$$

$$\eta_{co} = A_0\mathrm{e}^{-\mathrm{i}(kx+\omega t)} \tag{3.9}$$

在 $x=0$，$|y|>b/2$ 范围内，波浪在边壁上将被反射，反射波的速度势 ϕ_{re} 和波面 η_{re} 为：

$$\phi_{\text{re}} = -\mathrm{i}\,\frac{gA_0}{\omega}\,\frac{\mathrm{ch}k(z+h)}{\mathrm{ch}kh}\mathrm{e}^{\mathrm{i}(kx-\omega t)} \tag{3.10}$$

$$\eta_{\text{re}} = A_0\mathrm{e}^{-\mathrm{i}(kx-\omega t)} \tag{3.11}$$

在 $x=0$，$|y|\leqslant b/2$ 范围内，由于港湾出口处存在流速 $\partial\phi_{\text{in}}/\partial x$ ，所以在港湾外会产生辐射波，令$(0,y')$为港湾出口边界上任意一点，且任意一点的流速相当于一个点源，点源的速度势 P 满足：

$$\frac{\partial P}{\partial x}=\delta(y-y')\quad(x=0,\ |y|<b/2) \tag{3.12}$$

式中，δ 为狄拉克函数，在整个定义域上的积分为零。取点源的坐标原点为$(0,y')$，用极坐标表示式(3.12)为：

$$\frac{\partial^2 P}{\partial r^2}+\frac{1}{r}\frac{\partial P}{\partial r}+k^2P=\delta(y-y') \tag{3.13}$$

式中，$r=\sqrt{x^2+(y-y')^2}$，式(3.13)为 Bessel 方程，其解为 Bessel 函数 $J(kr)$ 和 $Y(kr)$。因此，点源的速度势 P 可表示为：

$$P=a[J(kr)+\mathrm{i}Y(kr)]=aH^{(1)}(kr) \tag{3.14}$$

式中，a 为常数；$H^{(1)}(kr)$为第一类 Hankel 函数。沿港湾出口边界积分，即可得到港内向港外的辐射波的速度势函数：

$$\phi_{\mathrm{ra}}=\int_{-b/2}^{b/2}a(y')H^{(1)}\left(k\sqrt{x^2+(y-y')^2}\right)\mathrm{d}y' \tag{3.15}$$

因此，港湾外的速度势 ϕ_{out} 为入射波速度势、反射波速度势和辐射波速度势之和，即式(3.8)、(3.10)和(3.15)之和。

$$\phi_{\mathrm{out}}=-\mathrm{i}\frac{2gA_0}{\omega}\cos kx+\int_{-b/2}^{b/2}a(y')H^{(1)}\left(k\sqrt{x^2+(y-y')^2}\right)\mathrm{d}y' \tag{3.16}$$

在港湾外，边壁的法向速度为零，因此有：

$$\frac{\partial \phi_{\mathrm{out}}}{\partial x}=0\quad(x=-a,\ |y|\geqslant b/2) \tag{3.17}$$

在港湾内外边界处应有压力和速度连续，因此有：

$$\frac{\partial \phi_{\mathrm{in}}}{\partial x}=\frac{\partial \phi_{\mathrm{out}}}{\partial x}\quad(x=0,\ |y|<b/2) \tag{3.18}$$

由式(3.18)得：

$$\phi_{\mathrm{in}}=\phi_{\mathrm{out}},\quad \eta_{\mathrm{in}}=\eta_{\mathrm{out}}\quad(x=0,\ |y|<b/2) \tag{3.19}$$

将式(3.16)代入式(3.18)，可得下式：

$$\frac{\partial \phi_{\mathrm{in}}}{\partial x}=\int_{-b/2}^{b/2}a(y')\frac{\partial}{\partial x}H^{(1)}\left(k\sqrt{x^2+(y-y')^2}\right)\mathrm{d}y' \tag{3.20}$$

当 $kr \ll 1$ 时，取 $H^{(1)}(kr)$ 的近似值：

$$H^{(1)}(kr) \approx 1 + \mathrm{i}\,\frac{2}{\pi}\ln\frac{\gamma kr}{2} \tag{3.21}$$

式中，$\gamma = 0.577\ 22$，为欧拉常数。将式(3.21)代入式(3.16)，可得：

$$a(y) = \frac{gAk}{\omega}\sin ka \quad (x = 0,\ |y| < b/2) \tag{3.22}$$

可见源点的强度沿港湾出口为常数，将式(3.22)代入式(3.16)可得 ϕ_{out}，从而可知港外波面为：

$$\eta_{\text{out}} = \left[2A_0\cos kx + \mathrm{i}A\sin ka \cdot \int_{-b/2}^{b/2} a(y')H^{(1)}\left(k\sqrt{x^2 + (y - y')^2}\right)\mathrm{d}y'\right]\mathrm{e}^{-\mathrm{i}\omega t} \tag{3.23}$$

由式(3.23)可见，港湾出口处的波面与 y 有关，但是当波长 L 远大于 b 时，η_{out} 可用其沿出口断面的平均波面表示，因此式(3.19)可以改写为：

$$\eta_{\text{in}} = \frac{1}{b}\int_{-b/2}^{b/2}\eta_{\text{out}}\,\mathrm{d}y \quad (x = 0,\ |y| < b/2) \tag{3.24}$$

将 η_{in} 和 η_{out} 代入式(3.24)，并取 $H^{(1)}(kr)$的近似值式(3.21)，得港内波面为：

$$\eta_{\text{in}} = 2A_0R(k)\cos k(x + a)\mathrm{e}^{-\mathrm{i}\omega t} \tag{3.25}$$

式中：

$$R(k) = \left[\cos ka + \frac{kb}{\pi}\sin ka\ln\frac{\sqrt{2}\gamma kb}{4\mathrm{e}^{3/2}} - \frac{\mathrm{i}}{2}kb\sin ka\right]^{-1} \tag{3.26}$$

可见，港内波浪为驻波。$R(k)$为复数，称为港湾的响应系数，且令 $F = |R(k)|$，为港内波幅值的一半与港外入射波浪波幅 A_0 的比值，称为放大因子，表示为：

$$F = \left[\left(\cos ka + \frac{kb}{\pi}\sin ka\ln\frac{\sqrt{2}\gamma kb}{4\mathrm{e}^{3/2}}\right)^2 + \frac{1}{4}k^2b^2\ \sin^2 ka\right]^{-1/2} \tag{3.27}$$

因此，如果波浪的波数 k 对应于最大的 F，则该波浪在港湾内引起了纵向共振，可证当 k 取下式的值时，F 取极大值。

$$k_m = k_m'\left(1 + \frac{b}{\pi a}\ln\frac{\sqrt{2}\gamma k_m' b}{4\mathrm{e}^{3/2}}\right) \tag{3.28}$$

式中，$k_m{}' = \left(m - \frac{1}{2}\right)\frac{\pi}{a}(m = 1, 2, 3\cdots)$，因此共振波浪的角频率 ω_m 可以表示为：

$$\omega_m = (gk_m \tanh k_m h)^{1/2} \tag{3.29}$$

共振频率 f_m 可以表示为：

$$f_m = \frac{(gk_m \tanh k_m h)^{1/2}}{2\pi} \tag{3.30}$$

把以上推导扩展至二阶非线性问题，考虑外域是半无限域，将上面流场速度势展开为一阶速度势加二阶速度势，即

$$\phi = \phi^{(1)} + \phi^{(2)} \tag{3.31}$$

考虑入射波为具有不同频率和波幅两组正弦波组成的波群，波面为：

$$\eta_{\text{in}} = \sum_{j=1,2} A_j \cos(k_j x + \omega_j t) \tag{3.32}$$

速度势为：

$$\phi_{\text{in}}^{(1)} = -\sum_{j=1,2} \frac{gA_j}{\omega_j} \frac{\text{ch}k_j(z+h)}{\text{ch}k_j h} \sin(k_j x + \omega_j t) \tag{3.33}$$

与式(3.33)类似，外域的反射波速度势为：

$$\phi_{\text{rf}}^{(1)} = \sum_{j=1,2} \frac{gA_j}{\omega_j} \frac{\text{ch}k_j(z+h)}{\text{ch}k_j h} \sin(k_j x - \omega_j t) \tag{3.34}$$

根据式(3.15)和式(3.22)也可写出外域反射辐射波速度势 ϕ_{rd} 的表达式。考虑 $k_j b \ll 1$，即港湾宽度远小于波长的情况，ϕ_{rd} 与其他外域一阶速度势 $\phi_{\text{re}}^{(1)}$ 和 $\phi_{\text{rf}}^{(1)}$ 相比较小，近似可忽略一阶辐射势 $\phi_{\text{rd}}^{(1)}$，即取

$$\phi = \phi_{\text{in}}^{(1)} + \phi_{\text{rf}}^{(1)} \tag{3.35}$$

根据二阶自由表面边界条件可得具有以下相位函数的项：

$$\begin{aligned} &k_3 x \pm \omega_3 t, \qquad && k_4 x \pm \omega_4 t, \\ &k_4 x \pm \omega_3 t, && k_3 x \pm \omega_4 t, \\ &2(k_j x \pm \omega_j t), && j = 1, 2 \end{aligned}$$

其中：

$$\omega_3 = \omega_2 - \omega_1, \quad \omega_4 = \omega_2 + \omega_1,$$
$$k_3 = k_2 - k_1, \quad k_4 = k_2 + k_1$$

只有波长与港湾尺寸相近时才能激发港湾共振，所以在二阶问题中可不考虑非线性波的高频部分，只需考虑低频部分。因此可仅保留两部分：一部分是与一阶入射势 $\phi_{in}^{(1)}$ 有关的项，另一部分为与一阶入射势 $\phi_{rf}^{(1)}$ 有关的项。对应前者的特解为二阶约束长波，其速度势为：

$$\phi_{in}^{(2)} = -A_1A_2\frac{J}{D}\frac{\mathrm{ch}k_3(z+h)}{\mathrm{ch}k_3h}\sin(k_3x+\omega_3t) \tag{3.36}$$

其中：

$$J = -g^2\left[\frac{k_1k_2}{\omega_1\omega_2}\omega_3(1+\mathrm{th}k_1h\,\mathrm{th}k_2h)+\left(\frac{k_1^2}{2\omega_1\mathrm{ch}k_1h}-\frac{k_2^2}{2\omega_2\mathrm{ch}k_2h}\right)\right] \tag{3.37}$$

$$D = gk_3\mathrm{th}k_3h-\omega_3^2 \tag{3.38}$$

对于后者的特解为：

$$\phi_{rf}^{(2)} = A_1A_2\frac{J}{D}\frac{\mathrm{ch}k_3(z+h)}{\mathrm{ch}k_3h}\sin(k_3x+\omega_3t) \tag{3.39}$$

以上两者之和构成了满足二阶自由表面边界条件的特解。

为满足港内外交界上匹配条件，还需考虑二阶问题的齐次解 $\phi_{H}^{(2)}$，该解在自由表面上满足齐次自由表面条件如下：

$$\frac{\partial^2\phi_H^{(2)}}{\partial t^2}+g\frac{\partial^2\phi_H^{(2)}}{\partial z}=0,\quad z=0 \tag{3.40}$$

在内域，二阶齐次解为：

$$\phi_{IH}^{(2)} = \phi_{IH}^{(2)}(x,y)\frac{\mathrm{ch}k_2(z+h)}{\mathrm{ch}k_2h}\mathrm{e}^{-\mathrm{i}\omega_3t} \tag{3.41}$$

代入式(3.40)可得：

$$\omega_3^2 = gk_2\tanh k_2h \tag{3.42}$$

由 $\phi_{IH}^{(2)}$ 满足 Laplace 方程可知，$\phi_{IH}^{(2)}$ 满足方程：

$$\frac{\partial^2 \phi}{\partial x^2}+\frac{\partial^2 \phi}{\partial y^2}+k_2^2 \phi=0 \tag{3.43}$$

类似于一阶问题，将 $\phi_{\mathrm{II H}}^{(2)}$ 表达为

$$\phi_{\mathrm{II H}}^{(2)}=\int_{-b/2}^{b/2} a^{(2)}(y') H_0^{(1)}\left(k_2 \sqrt{x^2+(y-y')^2}\right) \mathrm{d} y' \tag{3.44}$$

综合以上结果可知，二阶速度势在内外域分别为：

$$\phi_{\mathrm{I}}^{(2)}=\phi_{\mathrm{I H}}^{(2)}+\phi_{\mathrm{I P}}^{(2)} \tag{3.45}$$

$$\phi_{\mathrm{II}}^{(2)}=\phi_{\mathrm{II H}}^{(2)}+\phi_{\mathrm{II P}}^{(2)} \tag{3.46}$$

类似于在一阶问题的推导，可得：

$$a^{(2)}(y) \frac{\operatorname{ch} k_2(z+h)}{\operatorname{ch} k_2 h} \mathrm{e}^{-\mathrm{i} \omega_3 t}=-\frac{\mathrm{i}}{2} \frac{\partial \phi_{\mathrm{I}}^{(2)}}{\partial x} \quad (x=0) \tag{3.47}$$

将 $\phi_{\mathrm{II H}}^{(2)}$ 代入(3.47)并沿水深积分，可得：

$$a^{(2)}(y)=\frac{g A^{(2)} k_2}{\omega_3} \sin k_2 a+\frac{1}{2} A_1 A_2 R(k_1) R(k_2) E \frac{J}{D} k_3 \sin k_3 a \tag{3.48}$$

其中：

$$E=\frac{k_2}{k_3} \frac{\operatorname{th} k_3 h}{\operatorname{th} k_2 h} \tag{3.49}$$

因为 $k_3 h$ 和 $k_2 h$ 很小，$E \approx 1$。匹配条件为：

$$\phi_{\mathrm{I}}^{(2)}=\frac{1}{b} \int_{-b/2}^{b/2} \phi_{\mathrm{II}}^{(2)} \mathrm{d} y \tag{3.50}$$

将 $\phi_{\mathrm{I}}^{(2)}$ 和 $\phi_{\mathrm{II}}^{(2)}$ 表达式代入，沿水深积分得：

$$\frac{\mathrm{i} 2 g A^{(2)}}{\omega_3} \cos k_2 a-\mathrm{i} 2 A_1 A_2 R(k_1) R(k_2) \frac{J}{D} \cos k_3 a=\mathrm{i} 2 A_1 A_2 \frac{J}{D}-a^{(2)} b F \tag{3.51}$$

其中：

$$F=\frac{1}{b^2} \int_{-\frac{b}{2}}^{\frac{b}{2}} \int_{-\frac{b}{2}}^{\frac{b}{2}} H_0^{(1)}(k_2|y-y'|) \mathrm{d} y' \mathrm{d} y \approx 1+\frac{2 \mathrm{i}}{\pi} \ln \frac{\sqrt{2} \gamma k_2 b}{4 \mathrm{e}^{\frac{3}{2}}} \tag{3.52}$$

将 $a^{(2)}$ 代入式(3.52)可得：

$$A^{(2)} = R^{(2)} A_0^{(2)} \tag{3.53a}$$

其中：

$$A_0^{(2)} = \frac{\omega_3 J}{gD} A_1 A_2 \tag{3.53b}$$

$$R^{(2)} = \frac{1 + R(k_1) R(k_2) \cos k_3 a}{\cos k_2 a + \frac{k_2 b}{\pi} \sin ka \ln \frac{\sqrt{2}\gamma kb}{4e^{3/2}} - \mathrm{i}\, \frac{1}{2} k_2 b \sin k_2 a} \tag{3.53c}$$

其对应的港内二阶自由波波面为：

$$\eta_{\mathrm{IH}}^{(2)} = -\frac{1}{g} \frac{\partial \phi_{\mathrm{IH}}^{(2)}}{\partial t} \bigg|_{z=0} = 2A \cos k(x+a) \cos \omega_3 t \tag{3.54}$$

对应的二阶入射势为：

$$\eta_0^{(2)} = -\frac{1}{g} \frac{\partial \phi_{\mathrm{in}}^{(2)}}{\partial t} \bigg|_{z=0} = A_0^{(2)} \cos(k_3 x + \omega_3 t) \tag{3.55}$$

当 k_2 满足：

$$k_2 = k_n = k_n \left(n + \frac{1}{2} \right) \frac{\pi}{a} \tag{3.56}$$

时，$|R^{(2)}(k)|$ 的值接近其最大值。可证，当 $|R^{(2)}(k)|$ 达到最大值时，

$$k_2 = k'_n = k_n \left(1 + \frac{b}{\pi a} \ln \frac{\sqrt{2}\gamma k_n b}{4e^{\frac{3}{2}}} \right) \tag{3.57}$$

对应频率为：

$$\omega_n = (g k'_n \tanh k'_n h)^{1/2} \tag{3.58}$$

与一阶共振频率一致。

$|R^{(2)}(k)|$ 的最大值为

$$|R^{(2)}(k)|_{\max} = \frac{2}{k_2 b} [1 + R(k_1) R(k_2) \cos k_3 a] \tag{3.59}$$

3.1.2 孤立波表达式

孤立波是常见的海啸波表征形式，其研究可追溯至 19 世纪上半叶。1834 年 Russell 在运河边观察到由岸上两匹马拉动的河道中快速行进的船突然停

止时，船首形成一个凸起于静水面之上的波峰以几乎不变的速度沿河前进。10 年以后他在水槽中做实验，通过在水槽一端突然放水制造出了这样的波浪，此波浪只有波峰没有波谷，传递至水槽末端反射回到起点再反射回去，来回达 60 多次。1872 年 Boussinesq[101]首先对孤立波提出了解析方法，本节简单介绍其求解方法。孤立波运动流场如图 3.1 所示，x 轴为水平坐标，沿波浪传递方向为正，z 轴位于底部，向上为正，水深为 h，波面为 η，水平流速为 u，垂直流速为 w。

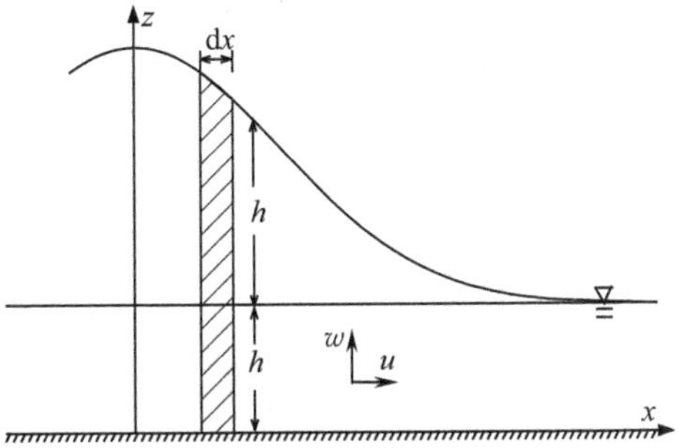

图 3.1　孤立波运动的坐标系统(许泰文[102])

考虑流体为非黏性及不可压缩性，图 3.1 中 dt 时间内流通过 dx 区间而储存于其内之量为 $-\rho[u(h+\eta)]_x\mathrm{d}x\mathrm{d}t$，而 d$t$ 时间内在 dx 区间增加量为 $\rho(h+\eta)_t\mathrm{d}x\mathrm{d}t$，由质量守恒原则可知二者必须相等，可得连续方程为：

$$(h+\eta)_t+[u(h+\eta)]_x=0 \tag{3.60}$$

在水平和垂直方向的动量方程式分别为：

$$u_t+uu_x+wu_x=-\frac{P_x}{\rho} \tag{3.61}$$

$$w_t+uw_x+ww_x=-\frac{P_z}{\rho}+g \tag{3.62}$$

由于浅水长波中可视 w、w_x、w_z 相对于 u、u_x 为微小量，因此可以忽略其非线性项，式(3.62)可简化为：

$$w_t=-\frac{P_z}{\rho}+g \tag{3.63}$$

由于垂直速度在底床处为零，即 $w(x,0,t)=0$，且由自由表面运动边界条件略去非线性项，可得 $w(x,h+\eta,t)=\eta_t$。假设垂直速度 w 的垂直分布形式为线性关系，则

$$w(x,z,t)=\frac{z}{h+\eta}\eta_t \tag{3.64}$$

在忽略高阶非线性项的假设下，式(3.64)对时间 t 取偏微分，可得：

$$w_t = \frac{z}{h+\eta}\eta_{tt} \tag{3.65}$$

将式(3.65)代入式(3.63)中，可得式(3.66)：

$$\frac{z}{h+\eta}\eta_{tt} = -\frac{\partial}{\partial z}\left(\frac{P}{\rho}+gz\right) \tag{3.66}$$

式(3.66)由 z 积分至自由表面 $h+\eta$，对自由变量 z 积分，并取自由表面处压力为零，结果如下：

$$\frac{P}{\rho} = g(h+\eta-z)+\frac{1}{2}\left[\frac{(h+\eta)^2-z^2}{h+\eta}\right]\eta_{tt} \tag{3.67}$$

对 x 进行偏微分，可得：

$$\frac{P_x}{\rho} = g\eta_x+\frac{1}{2}\left[\frac{(h+\eta)^2-z^2}{h+\eta}\right]\eta_{xtt} \tag{3.68}$$

将式(3.68)代入式(3.61)可得

$$\frac{\mathrm{d}u}{\mathrm{d}t} = -\frac{P_x}{\rho} = -g\eta_x-\frac{1}{2}\left[\frac{(h+\eta)^2-z^2}{h+\eta}\right]\eta_{xtt} \tag{3.69}$$

为方便分析，取水平和垂直流速在垂直方向的平均值，即

$$U = \frac{1}{h+\eta}\int_0^{h+\eta}u\mathrm{d}z, W = \frac{1}{h+\eta}\int_0^{h+\eta}w\mathrm{d}z \tag{3.70}$$

同理，式(3.69)取垂直方向平均可得：

$$\begin{aligned}\frac{1}{h+\eta}\int_0^{h+\eta}\frac{\mathrm{d}u}{\mathrm{d}t}\mathrm{d}z &= \frac{\mathrm{d}U}{\mathrm{d}t} = \frac{\partial U}{\partial t}+U\frac{\partial U}{\partial x}+W\frac{\partial U}{\partial z} \\ &= -g\eta_x-\left(\frac{h+\eta}{3}\right)\eta_{xtt}\end{aligned} \tag{3.71}$$

忽略 $W\left(\frac{\partial U}{\partial z}\right)$，$\left(\frac{\eta}{3}\right)\eta_{xtt}$ 两项微小量，式(3.71)可简化为：

$$\frac{\partial U}{\partial t}+U\frac{\partial U}{\partial x}+g\eta_x+\frac{h}{3}\eta_{xtt} = 0 \tag{3.72}$$

同样，对式(3.60)的连续方程取垂直方向的平均可得：

$$\eta_t+[(h+\eta)U]_x = 0 \tag{3.73}$$

式(3.72)及式(3.73)两式即 Boussinesq 方程式，若略去式(3.72)的第四项则退化成浅水长波方程式。

为求解式(3.72)及式(3.73)，令：

$$U=\frac{C_0}{h}(\eta+A),\quad C_0^2=gh \tag{3.74}$$

$$\frac{\partial A}{\partial x}=-\frac{1}{C_0}\frac{\partial A}{\partial t} \tag{3.75}$$

式中，C_0 为浅水时的波速；A 为 U 的修正量（浅水长波 $U=C_0\eta/h$）。将式(3.74)代入式(3.72)和式(3.73)并略去 AA_x 的高阶项，可得：

$$\frac{C_0}{h}\left\{\eta_t+C_0\eta_x+\left[-C_0\eta_x+\frac{C_0}{h}(A\eta)_x+\frac{C_0}{h}\eta\eta_x+\frac{1}{3}\frac{h^2}{C_0}\eta_{xtt}\right]\right\}=0 \tag{3.76}$$

$$\eta_t+C_0\eta_x+\frac{C_0}{h}[A_xh+2\eta\eta_x+(A\eta)_x]=0 \tag{3.77}$$

将以上两式合并可得：

$$2C_0A_x=\frac{C_0}{h}\eta\eta_x+\frac{1}{3}\frac{h}{C_0}\eta_{ttx} \tag{3.78}$$

式(3.78)对 x 积分，可得 A 值如下：

$$A=-\frac{\eta^2}{4h}+\frac{h^2}{6C_0^2}\eta_{tt}=-\frac{\eta^2}{4h}+\frac{h^2}{6}\eta_{xx} \tag{3.79}$$

将式(3.79)代入式(3.76)或式(3.77)，可得水位 η 的偏微分方程式：

$$\eta_t+C_0\eta_x+\frac{3}{2}\frac{C_0}{h}\eta\eta_x+\frac{1}{6}C_0h^2\eta_{xxx}=0 \tag{3.80}$$

为求解式(3.80)的水位 η，令：

$$\eta=H\xi(X),\quad X=x-Ct \tag{3.81}$$

式中，H 及 C 分别为孤立波的波高及波速。将式(3.81)代入式(3.80)并对 x 积分两次，并引入孤立波在 $X=\pm\infty$ 处的 $\zeta=\zeta_X=\zeta_{XX}=0$ 的边界条件，可得：

$$\xi_X^2=\frac{\xi^2\left[2h\left(\frac{C}{C_0}-1\right)-H\xi\right]}{\left(\frac{h^3}{3}\right)} \tag{3.82}$$

为了方便，令：

$$2h\left(\frac{C}{C_0}-1\right)=a \tag{3.83}$$

再利用式(3.81)，则式(3.82)可改写为：

$$\eta = a\mathrm{sech}\left[\sqrt{\frac{3a}{4h^3}}X\right]=a\ \mathrm{sech}^2\left[\sqrt{\frac{3a}{4h^3}}(x-Ct)\right] \tag{3.84}$$

式中，$a=H$ 为孤立波波高。由式(3.83)可得孤立波波速近似为：

$$C\approx\sqrt{g(h+H)}=\sqrt{gh}\left(1+\frac{H}{2h}\right) \tag{3.85}$$

通常定义孤立波特征波长为 $L=2\pi/k$，此时孤立波在距离波峰 $L/2$ 处的波高为 H 的 0.74%，而孤立波在特征波长范围内水体质量占总质量的 99% 以上。

3.2 数值模拟

为了与 Dong 等人[46]的研究进行比较，本书采用与之相似的港湾形状及波浪条件，并在其基础上拓展矩形港湾的长度，研究孤立波传入不同长度矩形港湾时的波动现象。矩形港湾宽度保持为 $b=0.4$ m，港内外水深恒为 $h=0.3$ m，港湾长 l 分别为 2 m，4 m，6 m，8 m，…，80 m。港内外网格恒为 $\Delta x=\Delta y=0.04$ m。沿港内中轴线从口门($x=0$ m)至顶端($x=l$)布置水平间距为 2 m 的测点，记录自由水面波动过程。港外三个方向的外海边界各设置 100 个网格厚度的数值耗散层，减小港外边界反射波浪对港内的影响。

波高 $H=0.02$ m 的孤立波由位于口门外一个特征波长 L 处的造波线产生。造波线后及两侧分别布置长度 $2L$ 的数值耗散层吸收反射波和辐射波。时间步长为 $\Delta t=0.01$ s，模拟时间为 $10T_1$(T_1 为港湾的第一模态共振周期)。

本书不仅要分析波面变化，还需研究港内波动能量随时间的变化规律。传统的傅里叶变换方法适用于分析周期性信号，无法捕捉信号的局部瞬态过程，而近年发展起来的小波变换(wavelet transform)信号技术是傅里叶变换方法的延伸，不仅可以反映出各频率能量的分布，还可以呈现各频率能量随时间的变化特征。

图 3.2 所示为造波线中点 Ps 处的波面过程，与式(3.81)孤立波理论结果

完全吻合,表明本模型采用的造波方法可以精确生成研究所需的非线性波浪。波面对应的小波谱显示孤立波能量集中在较低频率,不同频率成分对应的能量以相同的速度传播。在物理中,这种孤立波似的运动过程在有些物理现象中称为孤立子,不同频率波浪成分不受频散性影响以相同速度传播的性质为粒子性。

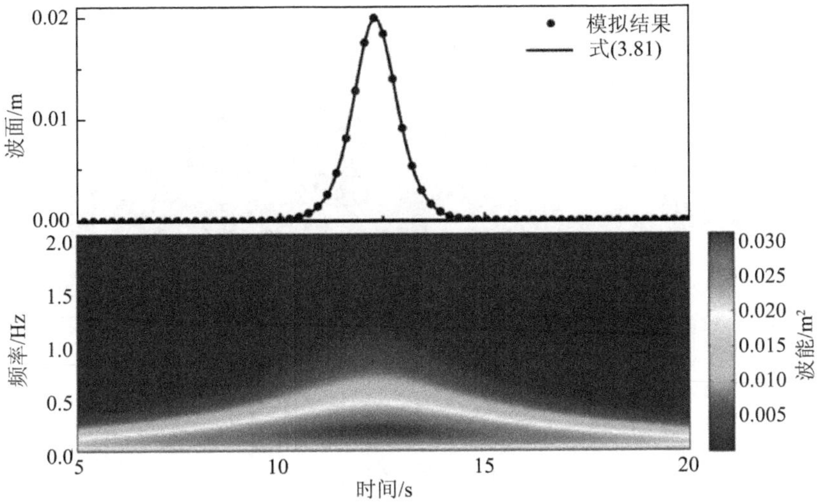

图 3.2　波高 $H=0.02$ m 的孤立波造波线处波面过程及其对应的小波谱

3.3　较短港湾内的水波运动

Dong 等人[46]的研究表明,孤立波进入较短港湾后直接引发其长周期共振,本书的研究同样证实了这一结论。当孤立波特征波长 L 大于 2 倍港湾长度 l 时($kl<\pi$),入射波进入港湾后即引起港内水面的周期性波动。本书将满足此条件的港湾视为较短港湾。如图 3.3 所示为长 $l=2$ m 港湾顶端处的波面过程及其对应的小波谱,能量集中在 0.17 Hz。由狭长矩形港湾共振公式[99]可知该频率为港湾第一模态共振频率,且第一模态共振能量一直持续到整个模拟过程结束。

由涌浪和波群等引起的港湾共振,通常会经历一个时间较长的由静止水面到共振平稳的响应过程。但孤立波引发的港湾共振与之不同,波浪进入港湾后港内波面直接达到最大,且由于没有后续的能量输入,波面逐渐衰减。Dong 等人的研究表明,海啸激发的港湾共振其衰减过程可以表示为指数

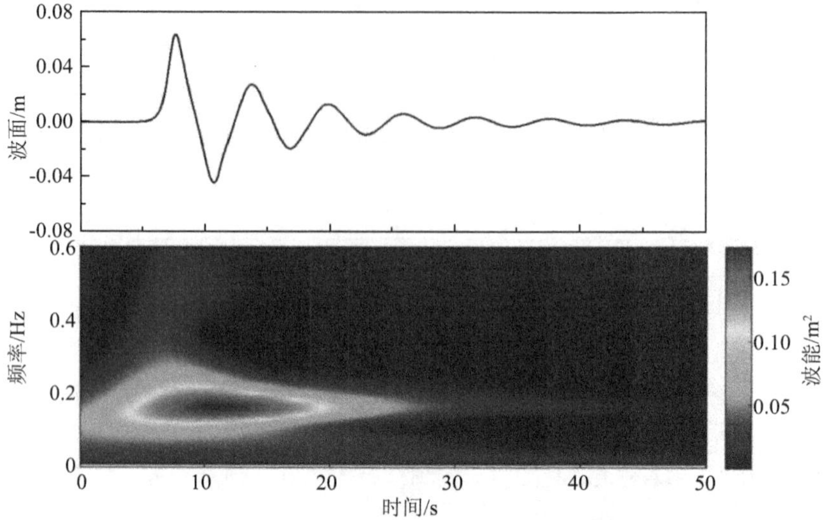

图 3.3 波高 $H=0.02$ m 的孤立波传入长度 $l=2$ m 港湾的顶端测点波面过程及其对应的小波谱

形式：

$$A = A_{max}\exp(-\zeta(t-t_0)) \tag{3.86}$$

本书模拟孤立波传入较短港湾引发的波幅衰减同样符合此公式，最大波幅出现在第一个波峰处（图 3.4）。其中 A_{max} 与入射波波高有关，衰减参数 ζ 与港湾长度及宽度相关。

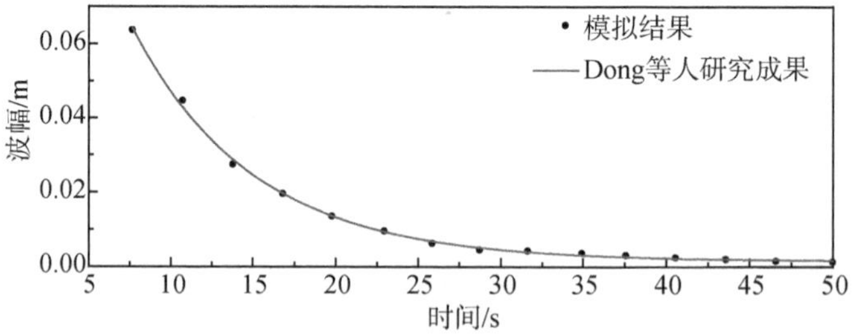

图 3.4 港湾长 $l=2$ m($kl=2.98$)顶端共振波幅衰减过程($A_{max}=0.086$,$\zeta=0.098$)

3.4 中等长度港湾内的水波运动

当港湾长度逐渐增加至 0.5～2 倍入射波特征波长时（$\pi<kl<4\pi$），本书

称满足此条件的港湾为中等长度港湾。中等长度港湾虽然一直有持续的共振能量，但是港内波动对应的小波谱显示在波动初期有不同频率波浪以相同速度传播的能量成分。这部分波动与受频散性影响由于不同频率波浪传播速度不同而逐渐分散的波群现象不同，更似孤立波的运动特性，表现出明显的粒子性。图 3.5 所示为长 $l=12$ m 港湾顶端自由水面过程及其对应的小波谱。小波谱有两种截然不同的能量成分，在前 100 s 中，小波谱中存在着明显的等间隔出现的不同频率波浪成分以相同速度运动的粒子性能量，随着港湾能量逐渐向外海辐射，该能量成分逐渐减弱，具有粒子特性的波浪成分对应的特征波长逐渐增大并最终超过港湾长度，与孤立波传入较短港湾时激发出港湾共振的波况极为相似。

而在整个波动过程中，始终存在着港湾的前三个共振模态（分别为 $f_1=0.033$ Hz，$f_2=0.101$ Hz 及 $f_3=0.169$ Hz）。随着口门处能量向外海辐射，第二、三模态共振能量耗散较快，而第一模态共振能量一直持续到整个模拟过程，且在 100 s 之后港内波动主要以第一共振模态的形式存在。

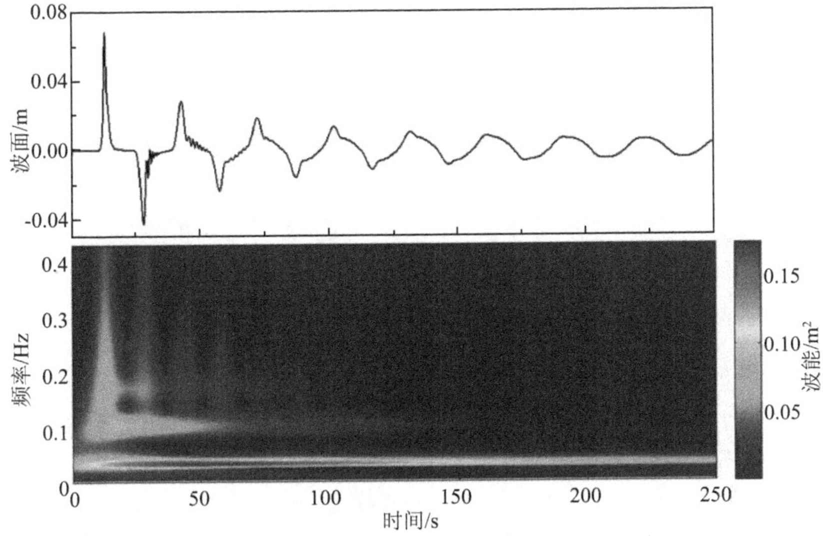

图 3.5　波高 $H=0.02$ m 的孤立波传入长度 $l=12$ m 港湾的顶端测点波面过程及其对应的小波谱

3.5　较长港湾内的水波运动

随着港湾长度的进一步增加，当其大于两倍孤立波特征波长（$kl>4\pi$）时，本书定义此时港湾为较长港湾。入射波通过口门的汇聚作用进入较长港湾内的波动经过长距离演化，最终演化为新的孤立波。如图 3.6 所示，波高$H=0.02$ m 的孤立波进入$l=18$ m 的狭长港湾(此时$kl=13.42$)，到达顶端处的波面与孤立波波面整体吻合较好，且由于较强的非线性作用，进一步在孤立波尾部演化出了新的、较小的波动。

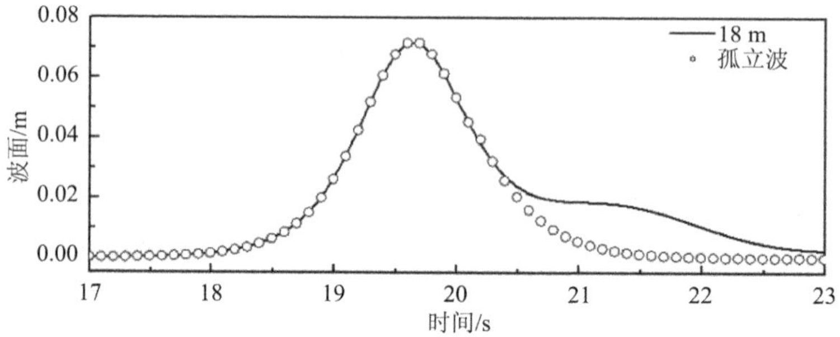

图 3.6　孤立波入港湾($l=18$ m)顶端测点波面比较

图 3.7 为港内不同位置处的自由水面随时间变化过程。入射波由口门(0 m)传入港内，波高逐渐增大，最后演化成稳定的孤立波，并在演化过程中由于非线性作用在尾部产生新的波高较小的波动，在港湾顶端(60 m)反射后孤立波波形依然保持不变，在向口门传播过程中孤立波与尾波逐渐分离，尾波逐渐演化成新的波高较小的孤立波。波浪传播至口门处部分能量被反射回来。由于孤立波是一种推移波，水质点与能量一起向前传播，孤立波向外辐射能量的同时也带走了部分水体，使得反射回港内的能量表现为一个较大的波谷并伴随一系列尾波。该运动被港湾顶端再次反射回来，在口门处又以一个较大的波峰并伴随一系列尾波的形式反射回来，如此往复，使得港内出现波峰和波谷并伴随一系列尾波依次交替的现象。且由于口门处的能量辐射，后续交替出现的波峰和波谷已不再符合孤立波的波形。

图 3.8 为图 3.7 中各测点波面对应的小波谱。当孤立波的特征波长远小于港湾长度时，外海入射波进入港湾后类似于一个粒子在港内来回传播。在能量首次传入港内被港湾顶端反射回来的过程中，波浪主要以孤立波的形式存在，各频率成分的波浪以相同的速度传播，粒子性非常明显。由于口门处部分能量向外辐射，反射波已不符合孤立波的波形。随着波浪在港内的传播演化，频散效应越来越明显。频率较低的波浪成分传播较快，频率较高的波浪成分传播较慢，使得小波谱呈顺时针偏转。由于能量在口门处向外海辐射

不断减小，高频率波浪成分消耗殆尽，港内后期主要存在低模态共振能量。

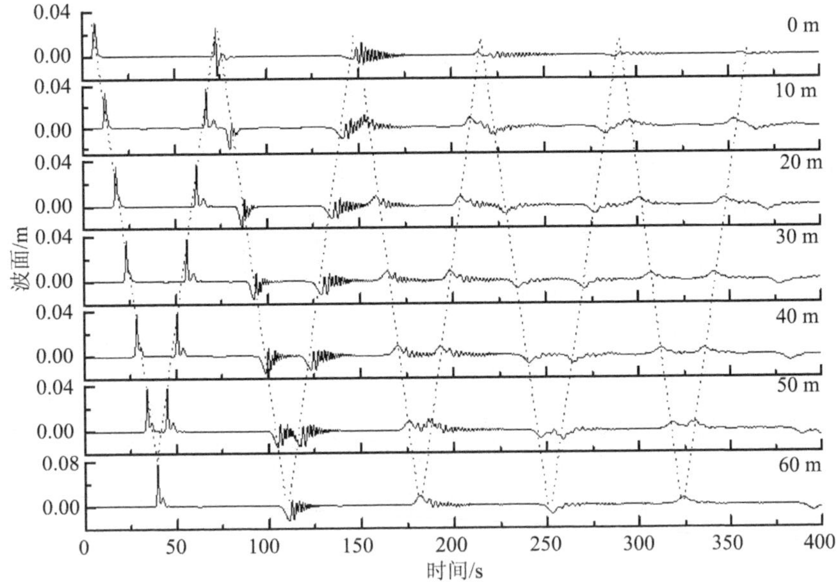

图 3.7　波高 $H=0.02$ m 的孤立波传入长 $l=60$ m 的港湾内引发 7 个不同位置处的时间序列

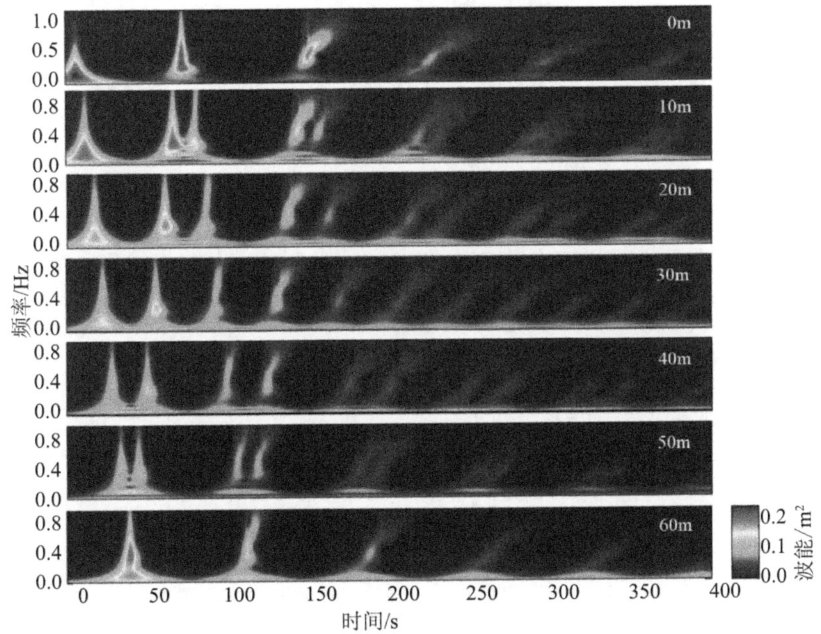

图 3.8　港湾长 $l=60$ m($kl=44.72$)7 个测点时间序列对应的小波谱

3.6 能量变化

为了研究孤立波特征波长与港湾长度关系 kl 对港内能量分布的影响，本书进一步分析了港湾共振能量与总能量的变化关系。选取港湾顶端测点，采用时间段 $0\sim10T_1$ 内各波浪频率对应的平均能量之和为总能量 E；由于共振能量主要集中在前三个模态上，高模态能量很小，因此采用前三个模态共振频率对应的平均能量为各模态共振能量 $E_n(E_1, E_2, E_3)$，且前三个模态共振频率对应的能量之和为共振能量 $E_r = E_1 + E_2 + E_3$。

图 3.9 为长 $l=2\sim60$ m 港湾顶端处波面过程对应小波谱的共振能量及总能量变化情况。共振能量占总能量的比例在 30%～75%，且随着港湾长度的增加而逐渐减小。这是因为 kl 较小时孤立波进入港湾直接激发港湾共振，所以港内能量主要以共振能量为主；随着 kl 的增加，入射波进入港内逐渐向孤立波演化，共振能量所占比例逐渐减小。

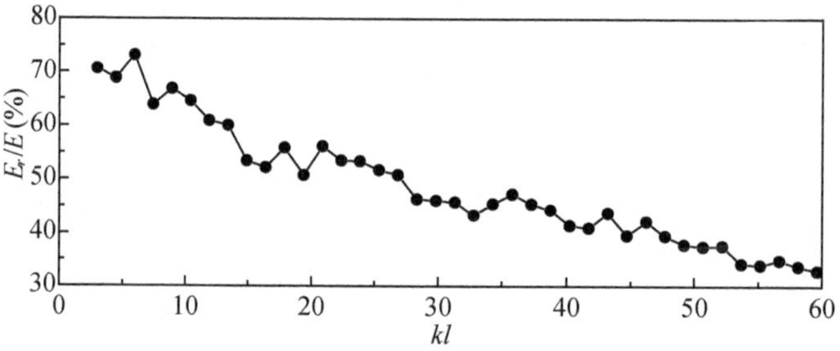

图 3.9　共振模态能量 E_r 占总能量 E 的比例随 kl 的变化

图 3.10 显示港湾前三个模态共振能量 E_n 随 kl 的变化情况。在港湾较短时，港内能量主要以第一共振模态存在，随着 kl 的增加，第一模态占总能量

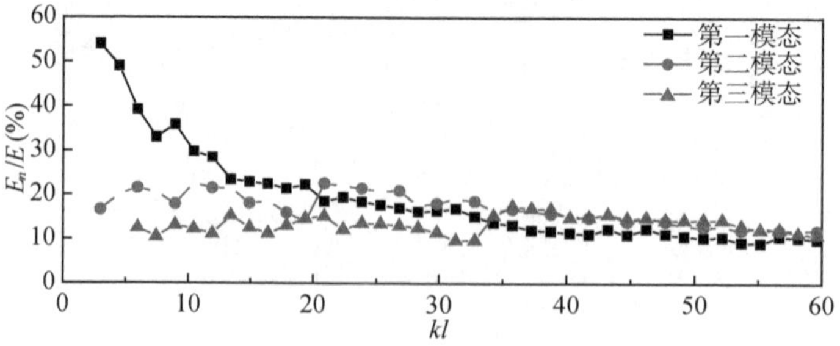

图 3.10　各共振模态能量 E_n 占总能量 E 的比例随 kl 的变化

的比例及其占共振能量的比例均逐渐减小。第二、三模态共振能量随着 kl 的增加也逐渐减小。在港湾较短时，第二、三模态共振能量远小于第一模态；随着 kl 的增加，第二、三模态能量逐渐与第一模态能量接近，特别是在 $kl>35$ 时，第二、三模态能量超过了第一模态共振能量。

3.7 港内最大波幅

很多实际海啸由于波高较小没有引起人们足够的重视，但其进入港湾后导致港内波幅增大对港内造成不可忽视的影响。当孤立波传入港湾后，孤立波引起港湾内的水面波动最大波幅出现在港湾顶端的首个波动过程。为了进一步研究港湾长度与宽度对最大波高的影响，本书进一步模拟非线性为 $H/h=1.0\times10^{-3}$、2.5×10^{-3}、5×10^{-3}、7.5×10^{-3}、1.0×10^{-2} 的孤立波，传入宽度为 $b=0.3$ m、0.9 m、1.5 m、2.25 m、3 m、3.75 m、4.5 m、5.25 m、6 m 的矩形港湾所引发港内最大波幅。为方便分析比较，对物理量进行无量纲化，以 l/h 与 b/h 表示港湾长度及宽度。数值模拟结果显示当入射波高及港湾长度固定时，港内最大波高随港湾宽度变化呈指数衰减趋势：

$$\frac{A_{\max}}{H}=\lambda\exp\left(-\upsilon\frac{b}{h}\right)+\Psi \tag{3.87}$$

式中，参数 λ、υ、Ψ 在不同非线性条件下取值不同，λ 为最大波高的幅值；υ 表示波幅随宽度变化的衰减系数；Ψ 表示孤立波在直立墙的爬高系数。

本书假设参数 λ、υ、Ψ 是非线性参数 H/h 的线性函数。首先拟合非线性分别为 $H/h=10^{-2}$ 与 $H/h=10^{-3}$ 两组实验的波幅指数衰减公式，求出相应的 λ、υ、Ψ 参数值。然后利用线性假定将三个参数表示为 H/h 的函数，公式(3.87)转化为：

$$\frac{A_{\max}}{H}=\left(\lambda_1+\lambda_2\frac{H}{h}\right)\exp\left[-\left(\upsilon_1+\upsilon_2\frac{H}{h}\right)\frac{b}{h}\right]+\Psi_1+\Psi_2\frac{H}{h} \tag{3.88}$$

式中，$\lambda_1=1.59$、$\lambda_2=20$、$\upsilon_1=3.33$、$\upsilon_2=-0.067$、$\Psi_1=2$、$\Psi_2=0.5$。数值模拟结果显示当非线性及港湾宽度固定时，孤立波引发的港内最大波幅几乎不受港湾长度变化的影响。

将式(3.88)左右两边乘以 H/h 然后合并同类项得：

$$\frac{A_{\max}}{h}=\frac{H}{h}\left\{\lambda_1\exp\left[-\left(\upsilon_1+\upsilon_2\frac{H}{h}\right)\frac{b}{h}\right]+\Psi_1\right\}+\frac{H^2}{h^2}\left\{\lambda_2\exp\left[-\left(\upsilon_1+\upsilon_2\frac{H}{h}\right)\frac{b}{h}\right]+\Psi_2\right\}\tag{3.89}$$

式(3.89)为孤立波进入矩形狭长港湾内最大波高随港湾长度与宽度变化的拟合公式。当式(3.88)中宽度 b 无限大时，式中的指数项为 0，式(3.89)转化为：

$$\frac{A_{\max}}{h}=2\frac{H}{h}+0.5\frac{H^2}{h^2}\tag{3.90}$$

式(3.90)与 Byatt-Smith[103] 提出的波高为 H 的孤立波在直立墙处的爬高公式一致。

图 3.11 显示了不同波高孤立波引起港湾顶端的最大波高，模拟结果与式(3.88)总体吻合较好。港湾长度及非线性相同条件下，随港湾宽度增加，港湾最大波幅放大系数 $A_{\max}/H$ 呈递减趋势，其衰减速率随着港湾宽度增大逐渐减小。相同宽度及非线性条件下，港湾长度变化对放大系数影响很小，图 3.11 显示港湾相对长度从 $l/h=20$ 增加至 $l/h=200$ 过程中港湾放大系数非常接近，最大偏差不超过 5%。港湾长度较小时由于孤立波进入港内直接引发共振导致港内最大波幅略小于港湾长度较长时的情形。

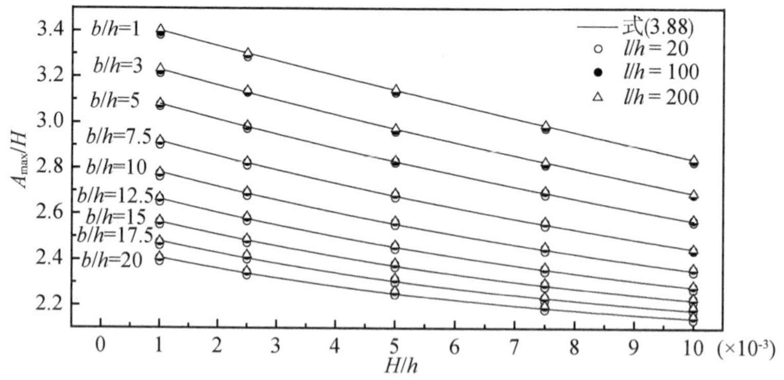

图 3.11 港湾最大波幅放大系数理论值与模拟值比较

3.8 本章小结

为了研究港湾长度与海啸波特征波长对港湾共振的影响，本书采用

Boussinesq 模型模拟了孤立波进入不同长度及宽度矩形港湾引起的波动现象，结果表明：

港湾较短时（孤立波特征波长大于 2 倍港湾长度，即 $kl<\pi$），孤立波传入港内直接引发港湾共振。共振主要以第一、二模态为主，且共振波幅随时间增加呈指数衰减形式。

中等长度港湾（孤立波特征波长介于 0.5～2 倍港湾长度，即 $\pi<kl<4\pi$）内水体运动的孤立波特性和共振特性均很明显。在共振的初始阶段，存在粒子性能量在港内来回运动，但此时入射波在港内的波形与孤立波有明显差异。随着口门处向外海辐射能量，港内入射波特征波长逐渐增加，港内波动的粒子特性逐渐消失，共振越来越显现，当特征波长增加至大于两倍港湾长度时，港内波动与较短港湾波动现象一致。

在较长港湾条件下（孤立波特征波长小于 0.5 倍港湾长度，即 $kl>4\pi$），孤立波进入港湾时由于口门处的汇聚作用形成波高较大的波浪，该波动经过港湾长距离的演化重新演化为新的波高较大的孤立波。随着港内能量向外海的辐射，港内波动的粒子性逐渐消失，由于口门处反射回来的波浪的特征波长逐渐增加，此时较长港湾内的波动现象逐渐向中等长度港湾的波动现象过渡。在实际港湾中，这种具有孤立波特性的波动类似一个洪峰向港内袭来，经口门反射后形成一个较大的洪谷传回港内，使得港内出现洪峰与洪谷来回交替运动的现象，威胁停泊船只、港口设施及附近人员。

共振能量占总能量的比例 E_r/E 随着孤立波特征波长与港湾长度之比的增加而减小。港湾较短时，港内第一模态的共振能量明显，随着港湾长度增加，第二、三模态共振能量逐渐明显。当港湾较长时，港内主要呈现粒子性能量，三个共振模态的能量占总能量的比例趋同并逐渐减小。

孤立波进入港湾在顶端处引发最大波幅，本章给出不同非线性、港湾长度及港湾宽度等因素影响下的最大波幅公式。结果表明，最大波幅受港湾长度影响很小，最大波幅随着港湾宽度或非线性的增加而减小。

第四章　波峰在前的等边 N 波激发的港湾共振

当震级较强时，海啸呈现出类似字母"N"形状的波形，等边 N 波是 N 波最简化的形式，本章基于数值模拟研究波峰在前的等边 N 波能否激发港湾共振，分析波峰在前的等边 N 波与港湾尺度对港湾内波动特性的影响。

4.1　数值模拟

波峰在前的等边 N 波激发港湾共振的数值模拟过程与孤立波激发港湾共振的模拟过程类似。为了更好地表征实际的物理过程，本章选用了近似实际港湾的尺度，具体布置方案见图 4.1：港湾宽恒为 $b=150$ m；港内外水深恒为 $h=20$ m；港湾长 l 分别为 200 m，400 m，600 m，……，10 000 m；网格为 $\Delta x=\Delta y=10$ m；沿港内中轴线从口门至顶端布置水平间距为 200 m 的测点记录自由水面波动过程。港外三个方向的外海边界为 100 个网格厚度的数值耗散层。

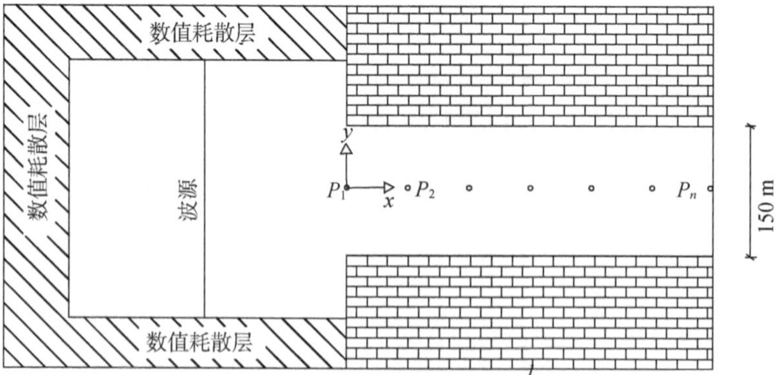

图 4.1　港湾布置图

本书采用 Madsen 和 Schaffer[91]提出的波形表达式：

$$\eta(x,t)=\xi H\{\mathrm{sech}^2[k(x-ct)]-\mu\,\mathrm{sech}^2[k(x-ct)+\phi]\} \tag{4.1}$$

式中，H 为波高；特征波数 $k=(0.75H/h^3)^{0.5}$；波速 $c=[g(h+H)]^{0.5}$；参数 ϕ 表示 N 波的波峰及波谷的相对相位，当 $\phi=\pi/2$ 时，波形为波峰在前的 N 波；参数 μ 调节入射波的波形，当 $\mu=0$ 时，波形为孤立波，当 $\mu=1$ 时，波形为波峰和波谷幅值相等的等边 N 波，当 $0<\mu<1$ 时，波形为波峰与波谷幅值不等的一般化 N 波。由于公式(4.1)中正负孤立波叠加的影响使 N 波实际波高并不与 H 完全一致，通过引入波幅调节系数 κ 保证 N 波的波高即为 H。本章研究波峰在前 N 波的经典形式，即波峰在前的等边 N 波(简称 LEN)，此时 $\phi=\pi/2$、$\mu=1$、$\xi=1.165$。

定义 $L=2\pi/k$ 为等边 N 波特征波长，此时，距等边 N 波波峰波谷交界 $L/2$ 范围以内的水体占整个水体的 98%以上，而在 $L/2$ 范围以外自由水面波动均小于其波高的 1%。

模型中，波高 $H=0.2$ m 的 LEN 由位于口门外 L 处的造波线产生。造波线后及两侧分别布置数值耗散层吸收反射波和辐射波。时间步长为 $\Delta t=0.2$ s，模拟时间为 $10T_1$(T_1为港湾第一模态理论共振周期)。

图 4.2 显示模型生成波高 $H=0.2$ m 的 LEN 波面过程模拟结果与公式(4.1)完全吻合，波峰与波谷对称，能量主要集中在较低频率范围内，不同频率成分对应的能量以相同的速度传播，表现出明显的粒子性。

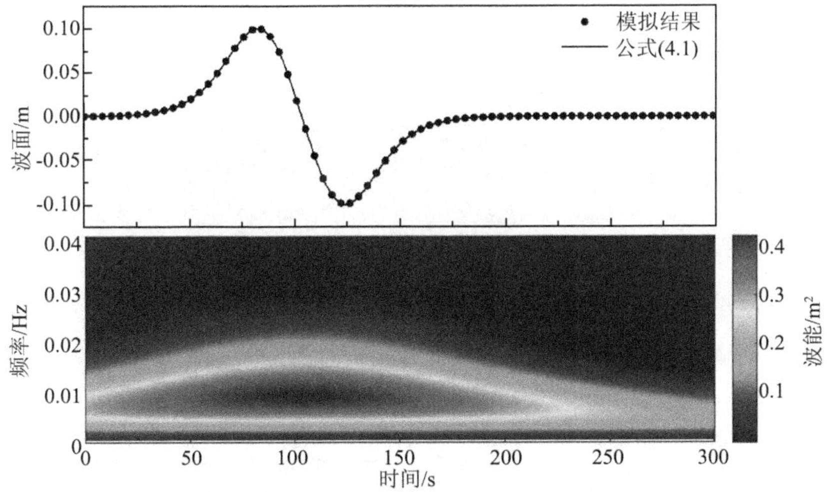

图 4.2　波高 $H=0.2$ m 的 LEN 造波线处波面过程及其对应的小波谱

4.2 较短港湾内的水波运动

LEN 进入较短港湾(LEN 特征波长大于 2 倍港湾长度，即 $kl<\pi$)引起的水波运动与孤立波进入较短港湾情况类似，主要以共振现象为主。如图 4.3 所示波动过程，入射波进入港湾后即引起港内水面的周期性波动。波浪进入港湾后港内波面直接达到最大，由于没有持续的能量输入，波幅逐渐衰减。波浪传入港湾后顶端测点连续出现了两个波谷，第一个波谷($t=248$ s)是 LEN 自身的波谷；第二个波谷($t=336$ s)是波峰在口门处反射形成的。这是由于 LEN 与孤立波类似，是一种行进波，波峰在口门处向外辐射能量的同时也带走了部分水体，使得反射回港内的能量以波谷的形式运动。随着能量衰减，波动逐渐减小，但周期近似保持不变。

港内水面波动所对应的小波谱能量主要集中在 3.0×10^{-3} Hz 和 1.1×10^{-2} Hz(图 4.3 所示小波谱)，由狭长矩形港湾水波共振理论[99]可知，该频率正好为矩形港湾第一、二模态的共振频率，因此表明 LEN 进入港口引发了前两个模态的共振。第二模态很快耗散殆尽，而第一共振模态一直持续到整个模拟过程结束。

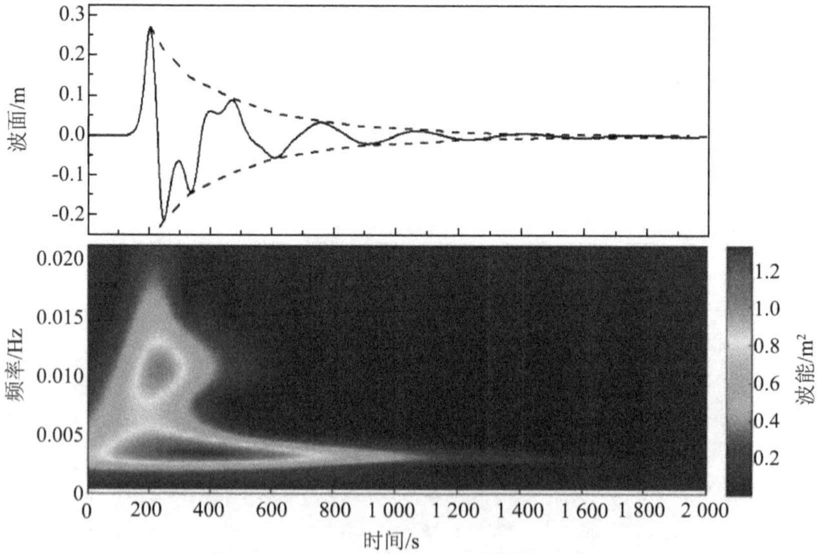

图 4.3 波高 $H=0.2$ m 的 LEN(特征波长 $L=2\ 200$ m)传入长度 $l=800$ m 港湾的顶端测点波面过程及其对应的小波谱

注：——，波面过程；----，按公式(3.86)波幅指数衰减过程，其中 $A_{max}=0.059$，$\zeta=0.004\ 2$。

LEN 引发港湾共振的波幅衰减过程与孤立波类似，同样满足第三章公式(3.86)描述的指数衰减过程(图 4.3)。

当 LEN 特征波长远大于港湾长度时，特别是当 $kl<1/2\pi$，即入射波特征波长大于 4 倍港湾长度时，港内出现水面整体上下波动的现象，即发生了 Helmholtz 共振[104]。图 4.4 所示为波高 $H=0.2$ m 的 LEN 进入长度 $l=200$ m 的矩形港湾不同时刻的瞬时效果，可见在各个时刻港内水面运动整体趋势一致。LEN 的波峰在港湾顶端首先引起最大约为入射波波幅 2.7 倍的增水(图 4.5)，该波峰在口门处被反射回来，以波谷的形式与等边 N 波自身的波谷叠加在一起，使得港内出现最大约为入射波波幅 3.3 倍的减水(图 4.5)。由于港湾较短，入射波能量很难被港湾捕获，波幅迅速衰减。港内自由水面波动所对应的小波谱(图 4.5)与 LEN 初始波面的小波谱(图 4.2)相似，能量主要集中于较低频率范围，且迅速衰减。

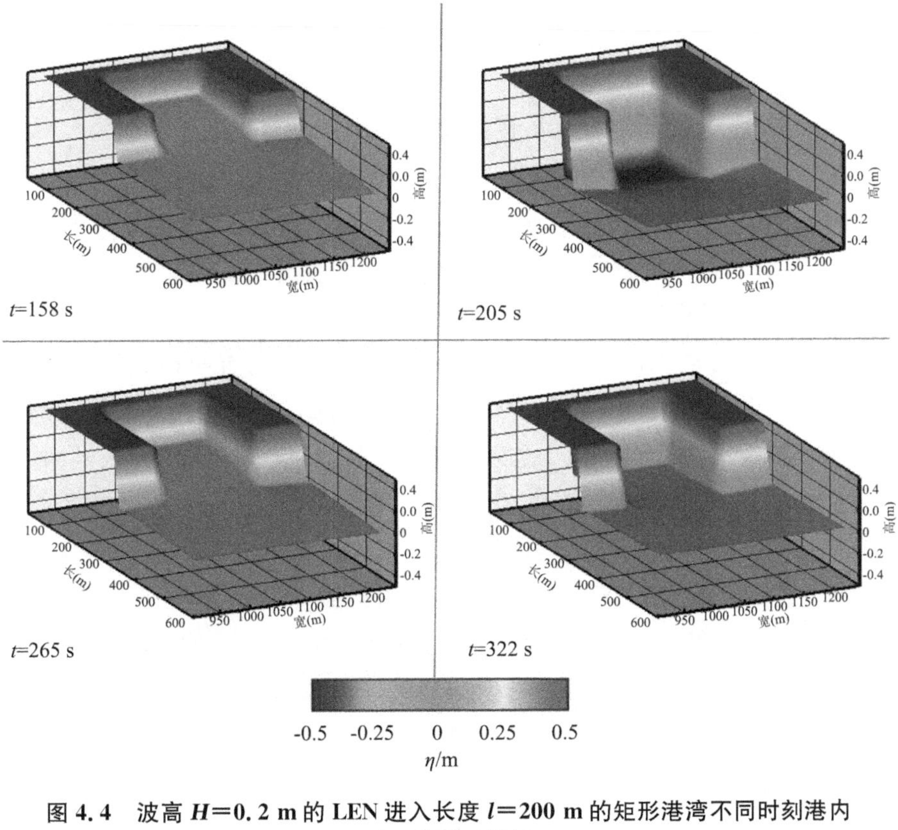

图 4.4　波高 $H=0.2$ m 的 LEN 进入长度 $l=200$ m 的矩形港湾不同时刻港内波面的瞬时效果

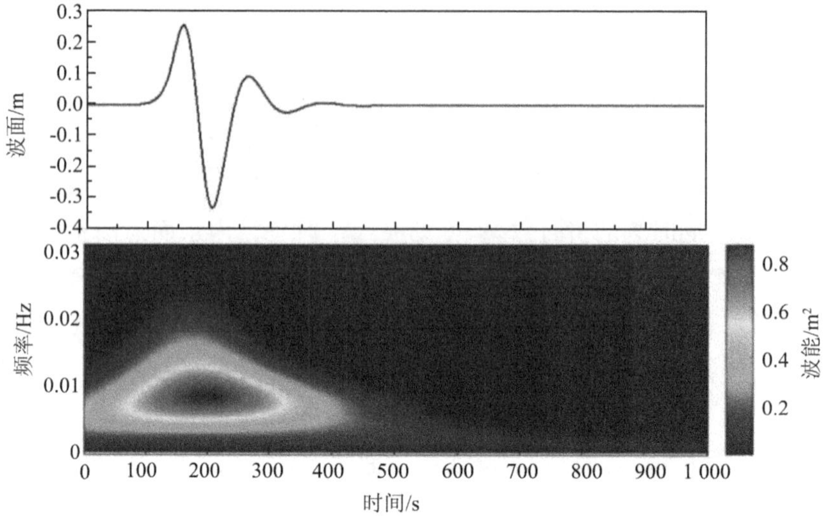

图 4.5　波高 $H=0.2$ m 的 LEN(特征波长 $L=2\ 200$ m)传入长 $l=200$ m 港湾顶端的测点波面过程及其对应的小波谱

4.3　中等长度港湾内的水波运动

LEN 进入中等长度港湾(港湾长度介于 0.5～2 倍 LEN 特征波长长度，即 $\pi<kl<4\pi$)，虽然共振能量依然明显，但是小波谱显示在波动初期有不同频率波浪成分以相同速度传播的能量出现，表现出明显的粒子性。图 4.6 所示长 $l=2\ 000$ m 港湾顶端自由水面过程对应的小波谱有两种截然不同的能量成分。在前 1 500 s，小波谱中存在着明显的等间隔出现的不同频率成分以相同速度运动的粒子性能量。波面过程显示 LEN 从开阔水域传入港内后波峰幅值增加，波谷基本保持不变，已不符合等边 N 波与一般化 N 波的波形。由于 N 波是一种推移波，传至口门处水质点与能量一起传出港外，使得反射回港内的能量表现为一个波谷在前波峰在后的波动，然而该波动不满足波谷在前波峰在后的等边 N 波及一般化 N 波运动形式。此后，波动经港湾顶端反射再次传出口门后，一部分能量反射回港湾形成新的波峰在前波谷在后的波面。由于没有外界能量的输入，随着口门处能量多次向外辐射、波高减小，具粒子特性的波浪成分对应的特征波长逐渐增大，使得特征波长大于港湾长度，进而激发了港湾共振。因此，港内波面后期主要呈现第一模态和第二模态的港湾共振现象，其对应的共振频率分别为 $f_1=1.5\times10^{-3}$ Hz 与 $f_2=4.7$

$\times 10^{-3}$ Hz(图 4.6)。

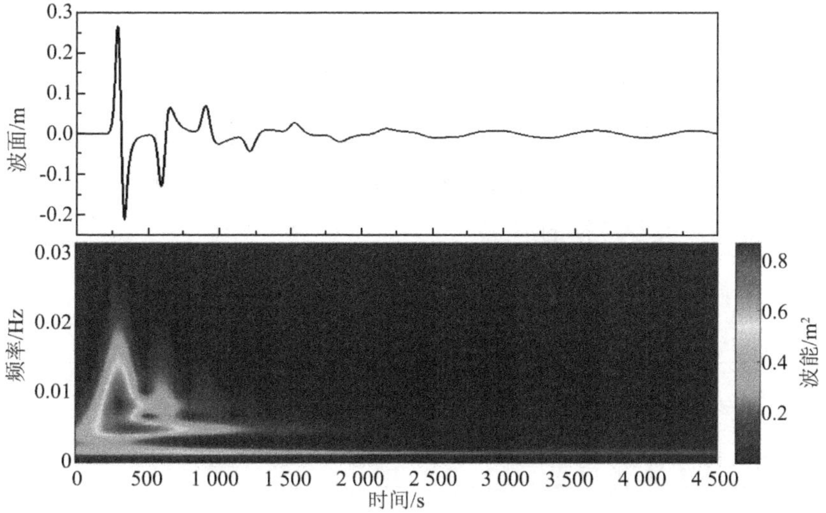

图 4.6　波高 H=0.2 m 的 LEN(特征波长 L=2 200 m)传入长度 l=2 000 m 港湾的顶端测点波面过程及其对应的小波谱

4.4　较长港湾内的水波运动

随着港湾长度进一步增加,较长港湾(港湾长度大于 2 倍 LEN 特征波长,即 $kl>4\pi$)内自由水面波动呈现出 N 波在外海自由传播的特性。

由于口门的汇聚作用,入射波进入港内的波形已不满足 N 波的理论形式,然而经过在港内的长距离传播变形,波形最终仍能演化为一般化 N 波。图 4.7 显示 LEN 传入较长港湾时,由于波浪从开阔水域进入狭长港湾能量汇集,导致口门处的波峰增至 0.135 m(2 000 m,t=242 s);波谷变化较小、为 0.103 m(0 m,t=290 s)。此时,港内波动已不再为等边 N 波或一般化 N 波,然而在港内入射波经过 2 倍特征波长距离以上的传播变形后波形最终演化为一般化 N 波。波动经顶端(图 4.7,10 000 m,t=850 s)全反射后向港外传播,整个过程波形保持稳定。由于 N 波与孤立波一样是一种推移波,水体质量与能量一起向前传播,传播至口门处的波峰部分向外辐射能量的同时也带走了部分水体,使得反射回港内的能量表现为一个波谷,该波谷幅值为 0.065 m,只有原波峰幅值的 50%左右(图 4.7,2 000 m,t=1 730 s);而 N 波波谷部分向外辐射能量的同时也补充了部分水体,反射回港内的能量表现为一个波谷,其幅值为 0.042 m,是原波谷幅值的 40%左右(图 4.7,2 000 m,t=1 798 s)。由于口门处的能量辐射,此时港内的波动不符合等边 N 波波形,与一般化 N 波的波形也有较大差异。该波动经港湾顶端反射后传出口门过程中波形近似保持恒定,传至口门处一部分能量反射回港湾形成新的波峰在前波谷在后的波动。由于波动后半部分幅值衰减较快,港内逐渐演化成一个大波峰伴随着小波谷及一个大波谷伴随着小波峰交替出现的波面特征,最后呈现出近似单个波峰和波谷传播的形式。

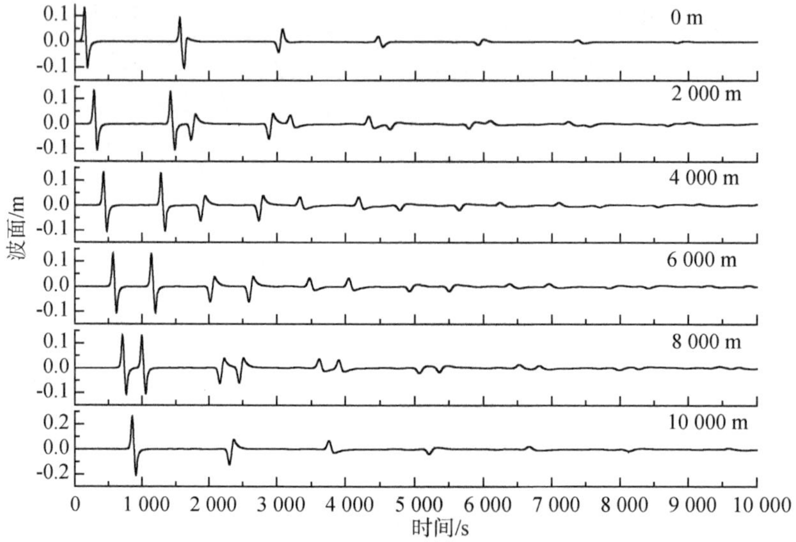

图 4.7 波高 H=0.2 m 的 LEN 传入长 l=10 000 m 的港湾内引发 6 个不同位置处的时间序列

图 4.8 为图 4.7 中各测点波面对应的小波谱。对于外海自由传播的波群,由于频散性作用,频率较低的波浪成分传播较快而频率较高的波浪成分传播较慢,使得对应的小波谱呈顺时针偏转。N 波引起较长港湾内水波运动对应的小波谱则不同,能量谱垂直时间轴,表明不同频率波浪成分以相同的速度在港内来回传播,具有明显的粒子特性。此外,港内波动的传播速度近似为 $c=[g(H+h)]^{0.5}$,与孤立波理论的传播速度相同。在整个波动过程中,港湾的共振能量较弱。

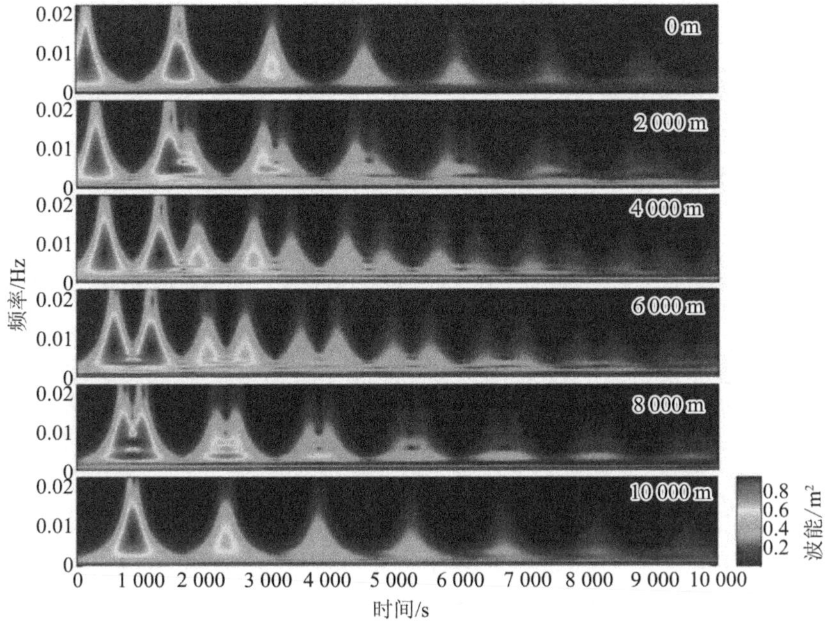

图 4.8　波高 $H=0.2$ m 的 LEN 传入长 $l=10\ 000$ m 的港湾内引发 6 个不同位置处的时间序列对应的小波谱

4.5　能量分析

为了研究 LEN 特征波长与港湾几何尺度对港内能量分布的影响，选取港湾顶端测点，采用时间段 $0\sim10T_1$ 内各波浪频率对应的平均能量之和为总能量 E；由于共振能量主要集中在前三个模态上，高模态能量很小，因此采用前三个模态共振频率对应的平均能量为各模态共振能量 $E_n(E_1, E_2, E_3)$；前三个模态共振频率对应的平均能量之和为共振能量 $E_r=E_1+E_2+E_3$。

图 4.9 为 LEN 传入港湾（$l=800\sim10\ 000$ m）顶端波面的共振能量与总能量之比的变化过程。共振能量占总能量的比例 E_r/E 随着 kl 的增加由 70%逐渐递减至 10%，这是由于 kl 较小时 LEN 进入港湾直接激发港湾共振而引起的；随着 kl 的增加，LEN 进入港内以行进波形式传播，共振能量所占比例逐渐减小。

图 4.10 显示港湾前三个共振模态能量随 kl 的变化情况。当 kl 较小时，港内主要呈现第一模态的共振能量，随着 kl 增加，第一模态能量占总能量的比例 E_1/E 呈下降趋势，第二、三模态共振能量逐渐明显，并在 $kl>10$ 时第二

模态与第三模态能量达到与第一模态能量相同的情况。当 kl 较大时，由于港内主要呈现粒子特性的波动能量，共振能量较小，三个共振模态的能量占总能量的比例逐渐减小。

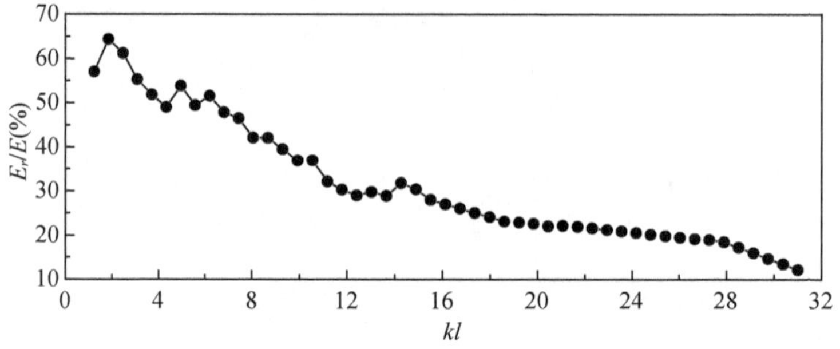

图 4.9　共振模态能量 E_r 占总能量 E 的比例随 kl 的变化

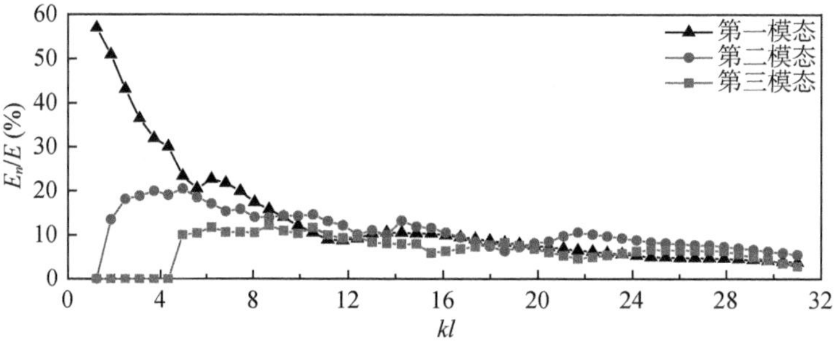

图 4.10　各共振模态能量 E_n 占总能量 E 的比例随 kl 的变化

4.6　港内最大波幅

LEN 进入港内首次到达港湾顶端时出现最大波幅，特别是当港湾长度远小于 LEN 特征波长时，港内最大波幅出现在波谷处。为了进一步研究港湾长度及宽度对最大波幅的影响，本书通过模拟非线性为 $H/h=1.0\times10^{-3}$、2.5×10^{-3}、5.0×10^{-3}、7.5×10^{-3}、1.0×10^{-2} 的 LEN，传入长度为 $l=200$ m、400 m、800 m、1 600 m、2 400 m、3 200 m，宽度为 $b=20$ m、100 m、150 m、200 m、300 m、400 m 的矩形港湾所引发港内最大波幅的波动现象。结果表明，LEN 引起港内最大波幅 A_{max} 不仅与港湾的宽度相关，还与长度有关，其可以表示为：

$$\frac{A_{\max}}{h}=\left[1+Q\left(1-\exp\left(-\frac{l}{b}\right)\right)\operatorname{sech}^{n}\left(kl-\frac{\pi}{4}\right)\right]$$

$$\left[\begin{array}{l}\left\{\Psi_1+\lambda_1\exp\left[-\left(\upsilon_1+\upsilon_2\dfrac{H}{h}\right)\dfrac{b}{h}(1-\mathrm{e}^{-\frac{l}{b}})\right]\right\}\dfrac{H}{h}\\+\left\{\Psi_2+\lambda_2\exp\left[-\left(\upsilon_1+\upsilon_2\dfrac{H}{h}\right)\dfrac{b}{h}(1-\mathrm{e}^{-\frac{l}{b}})\right]\right\}\dfrac{H^2}{h^2}\end{array}\right] \tag{4.2}$$

式(4.2)中 $\lambda_1=1.59$、$\lambda_2=20$、$\upsilon_1=0.06$、$\upsilon_2=-1.43$、$\Psi_1=1$、$\Psi_2=0.125$，当长度 $l=0$ 或宽度 $b\to+\infty$ 时，港湾顶端处的最大波高即为 LEN 在直立墙上的爬高，此时公式退化为：

$$\frac{A_{\max}}{h}=\frac{H}{h}+\frac{1}{8}\frac{H^2}{h^2} \tag{4.3}$$

与 Liang 等人[105]研究 LEN 在直立墙处的爬高结论一致。

式(4.2)相对于式(3.89)新增了$\left[1+Q\left(1-\exp\left(-\frac{l}{b}\right)\right)\operatorname{sech}^{n}\left(kl-\frac{\pi}{4}\right)\right]$项。新增项反映了港湾较短时港内最大波幅随港湾长度变化的规律。其中，Q 代表随 kl 变化港内最大波幅极大值($kl=\pi/4$ 时)高出平稳状态下最大波幅($kl>\pi$ 时)的比例系数，式(4.2)中 $Q=0.28$，代表最大波幅极大值是平稳状态下最大波幅的 1.28 倍。$n=3$，为港湾长度及入射波特征波长之比 kl 接近 $\pi/4$ 时最大波幅随 kl 变化的系数。

图 4.11 为港湾宽度 $b/h=7.5$ 时，不同非线性条件下 LEN 引发港内最大波幅随港湾长度的变化。模拟结果与公式(4.2)总体吻合较好。随港湾长度增加，最大波幅放大系数 $2A_{\max}/H$ 在 $kl<\pi/4$ 时呈递增趋势；当 $kl=\pi/4$ 时(图 4.11 中最大波幅极大值对应的横坐标)，LEN 在港湾顶端反射向外传播至口门处，波峰部分以波谷的形式反射回港内并与 LEN 自身的波谷相位一致并重合在一起，最大波幅放大系数 $2A_{\max}/H$ 达到极大值；当 $kl>\pi/4$ 时 $2A_{\max}/H$ 呈递减趋势，特别是当 $kl>\pi$ 后基本保持稳定。最大波幅放大系数 $2A/\max/H$ 随非线性增加而递减。

图 4.12 显示了不同宽度条件下随 LEN 非线性的增加港内最大波幅的变化，模拟结果与公式(4.2)吻合较好。随港湾宽度增加，港湾最大波幅放大系数 $2A_{\max}/H$ 呈单调递减趋势，其衰减幅度随着港湾宽度增大而逐渐减小。

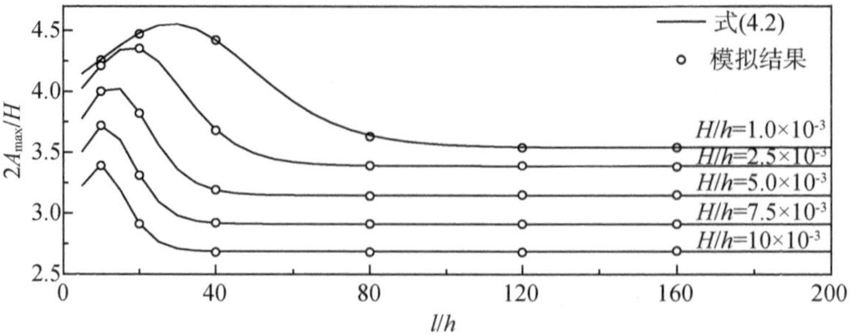

图 4.11　不同非线性 LEN 引起港湾最大波幅随港湾长度变化(b/h=7.5)

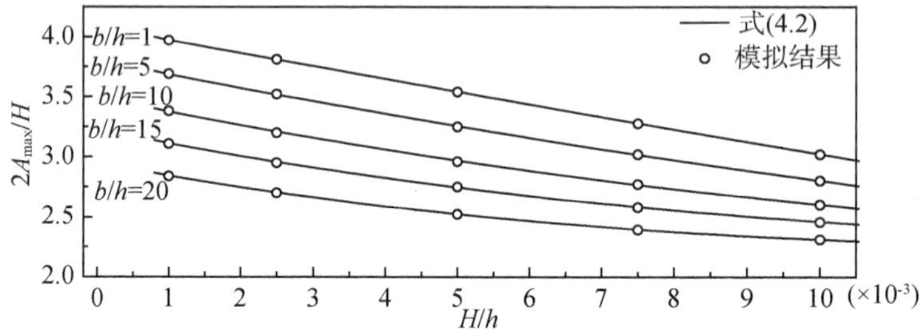

图 4.12　不同宽度港湾最大波幅随 LEN 非线性变化(l/h=160)

4.7　本章小结

为了研究波峰在前的等边 N 波特征波长与港湾长度对港湾共振的影响，本书采用 Boussinesq 模型模拟了不同波峰在前的等边 N 波进入不同长度矩形港湾引起的波动现象，结果表明：

当波峰在前的等边 N 波特征波长大于两倍港湾长度时($kl<\pi$)，波峰在前的等边 N 波进入港湾后直接引发港湾共振，最大波幅以指数形式衰减。特别是当波峰在前的等边 N 波特征波长大于 4 倍港湾长度时($kl<1/2\pi$)，波峰在前的等边 N 波传入港湾后出现水位整体上升和下降的 Helmholtz 共振，最大波幅出现在波谷处。

当波峰在前的等边 N 波特征波长介于 0.5～2 倍港湾长度时($\pi<kl<4\pi$)，港内水体运动的粒子性与共振特性均很明显。在初始阶段，存在粒子性能量在港内来回运动。随着口门处能量的不断衰减，具有粒子性波浪成分特征的波长逐渐增加，共振能量逐渐明显。

当波峰在前的等边 N 波特征波长小于 1/2 港湾长度时($kl>4\pi$)，波峰在前的等边 N 波进入港湾后经过长距离的传播变形最终演化为一般化 N 波。港内波面主要呈现类似粒子性的波浪运动形式。随着港内能量向外海的辐射，港内的波动现象逐渐向中等长度港湾的波动现象过渡。

共振能量占总能量的比例 E_r/E 随着波峰在前的等边 N 波特征波长与港湾长度之比的增加而减小。港湾较短时，港内主要呈现低模态的共振能量。随着港湾长度增加，港内粒子性能量增加，前三个模态的共振能量占总能量的比例趋同并逐渐减小。

波峰在前的等边 N 波进入港湾在顶端处引发最大波幅，本章给出不同非线性、港湾长度及港湾宽度因素影响下的最大波幅拟合公式，公式与模拟值吻合良好。最大波幅随着港湾宽度的增加呈指数衰减。当波峰在前的等边 N 波特征波长大于 8 倍港湾长度($kl<1/2\pi$)时，随着港湾长度增加最大波幅增大；当波峰在前的等边 N 波特征波长介于 2～8 倍港湾长度($1/2\pi<kl<4\pi$)时，随着港湾长度增加最大波幅减小；当波峰在前的等边 N 波特征波长小于 2 倍港湾长度($kl>4\pi$)时，港湾长度对最大波幅影响较小。

第五章 波谷在前的等边 N 波激发的港湾共振

对于特定的海底地震引起的海啸波，如果向一个方向传播的是波峰在前的 N 波，则向另一方向传播的必然是波谷在前的 N 波[15]。为了进一步研究震源另一侧产生的波谷型海啸波对近岸港湾的影响，本章基于数值模拟研究波谷在前的等边 N 波能否激发港湾共振以及波谷在前的等边 N 波特征波长与港湾长度之间的关系对港湾内波动特性的影响。

5.1 数值模拟

实际海啸中波谷在前的 N 波其波形在传播过程中不断变化，本章研究仅从机理上讨论波谷在前的等边 N 波（简称 LDN）。这里模拟 LDN 传入不同长度狭长矩形港湾内的波动现象，研究其能否激发共振及港内波动特征。LDN 激发港湾共振的数值模拟过程与 LEN 激发港湾共振的模拟过程相同。港湾尺寸及水深等参数与第四章完全一致（图 4.1），仅改变造波源信号使得模型产生 LDN。

本书采用 Madsen 和 Schaffer[91]提出的 N 波波形表达式（4.1），波形为波谷在前的等边 N 波对应的 $\varphi=-\pi/2$，$\mu=1$，$\xi=1.165$。同样定义 $L=2\pi/k$ 为 LDN 特征波长，此时距 LDN 波峰波谷交界 $L/2$ 范围以内的水体占整体水体的 98%以上，而在 $L/2$ 范围以外自由水面波动均小于其波高的 1%。除特殊说明外，位于口门外 L 处的造波线产生的 LDN 波高均为 $H=0.2$ m。

图 5.1 为模型生成波高 $H=0.2$ m 的 LDN 波面过程及其对应的小波谱。由域内造波产生的 LDN 与理论值吻合良好，波谷与波峰对称，能量主要集中在较低频率范围内。

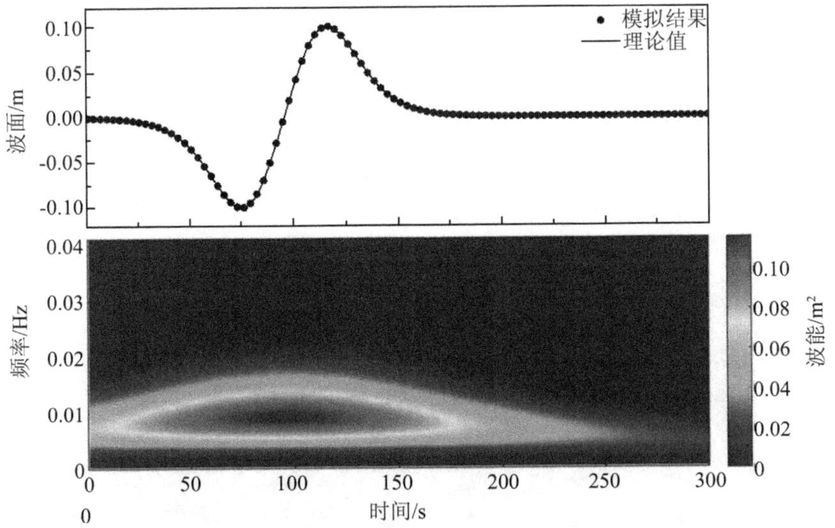

图 5.1 波高 H=0.2 m 的 LDN 造波线处波面过程及其对应的小波谱

5.2 较短港湾内的水波运动

LDN 进入较短港湾(港湾长度小于 2 倍 LDN 特征波长,即 $kl<\pi$)引起的水波运动与孤立波及 LEN 进入较短港湾情况类似,主要以共振现象为主。如图 5.2 所示,当 LDN 特征波长 L 大于港湾长度 l 时($kl<2\pi$),LDN 进入港湾后波谷部分引发港内约为入射波波幅 2.5 倍的减水,之后连续出现了两个波峰,第一个波峰(t=246 s)是 LDN 自身的波峰,第二个波峰(t=335 s)是波谷在口门处反射形成的。这是由于 LDN 同样是一种行进波,波谷在口门处向外辐射能量的同时也补充了水体,使得反射回港内的能量以波峰的形式运动。随着能量不断向港外辐射,波幅逐渐衰减,港内呈现周期性波动。

港内水面波动所对应的小波谱能量主要集中在港湾第一、二模态的共振频率($f_1=3.0\times10^{-3}$ Hz 和 $f_2=1.1\times10^{-2}$ Hz),表明 LDN 进入港口引发了较低模态的共振。第二模态很快耗散殆尽,而第一共振模态一直持续到整个模拟过程结束。

与孤立波及 LEN 引发港湾共振波幅衰减的规律一致,本章的模拟结果表明 LDN 引发的港湾共振波幅也符合第三章公式(3.86)描述的指数衰减过程(图 5.2 上图),然而衰减过程中初始波幅 $A_{\max}$ 及衰减系数 ζ 都略小于 LEN

引发共振的衰减过程。

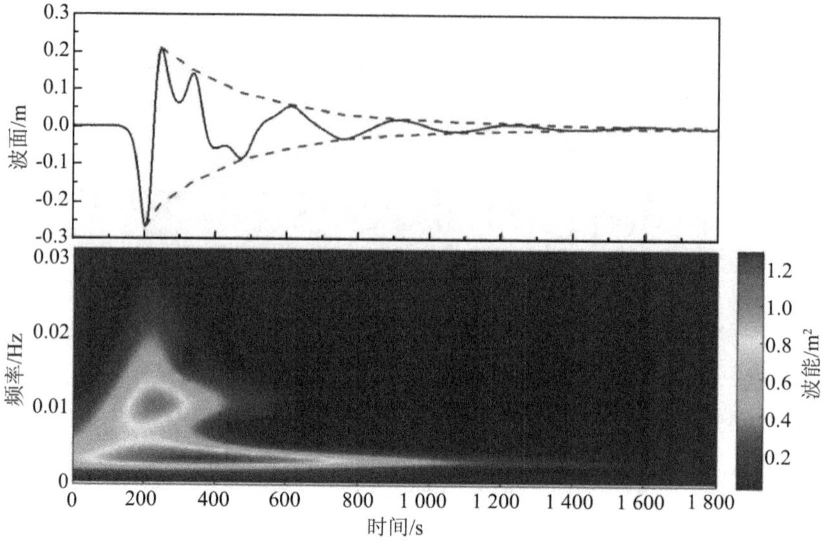

图 5.2　波高 H=0.2 m 的 LDN(特征波长 L=2 200 m)传入长度 l=800 m 港湾的顶端测点波面过程及其对应的小波谱

注：——，波面过程；----，按公式(3.86)波幅指数衰减过程，其中 A_{max}=0.053，ζ=0.004。

当 LDN 特征波长大于 4 倍港湾长度时(即 $kl<1/2\pi$)，港内不同位置处水面波动差别很小，出现整个水体上下波动的现象，即发生了 Helmholtz 共振[104](图 5.3)。当入射波传入港内，首先引起最大约为入射波波幅 2.7 倍的减水。LDN 的波谷部分经港内顶端反射传出口门，以波峰形式反射回港内并与 LDN 波峰部分叠加在一起，使得港内出现最大约为入射波波高 3.3 倍的增水(图 5.4)。因此，当 LDN 激发港内 Helmholtz 共振时，港内最大波高出现在波峰。然而由于港湾较短，入射波带入的能量迅速向外海扩散、波幅较快衰减。此时港内自由水面波动所对应的小波谱能量主要集中于较低频率范围且迅速衰减(图 5.4)。

5.3　中等长度港湾内的水波运动

中等长度港湾(港湾长度介于 0.5～2 倍 LEN 特征波长，即 $\pi<kl<4\pi$)虽然共振能量依然明显，但是小波谱显示在波动初期有不同频率波浪成分以相同速度传播的能量出现，呈现出明显的粒子性特性。

小波谱显示 LDN 进入港湾内不同频率波浪成分以相同速度传播，能量

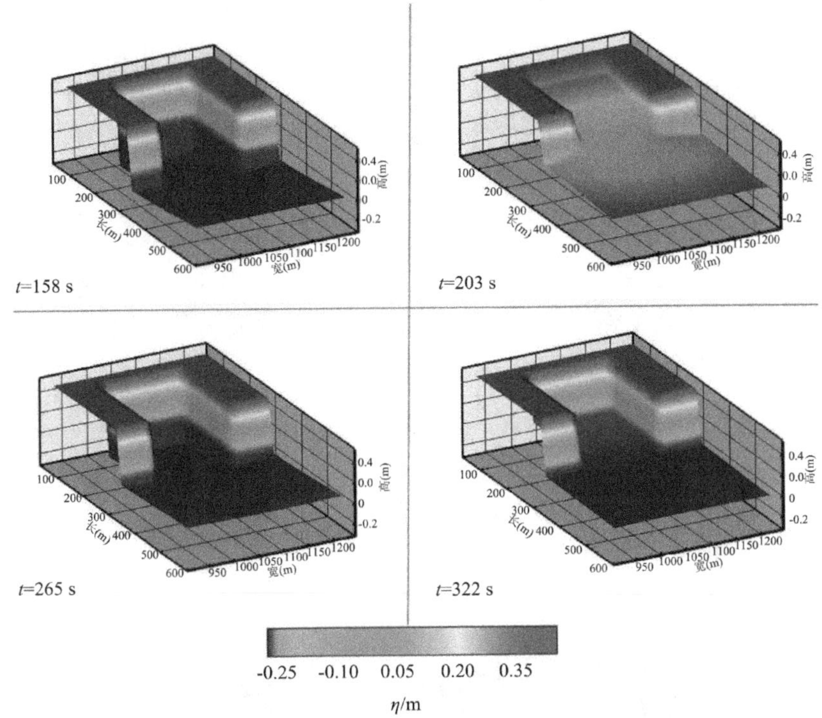

图 5.3　波高 $H=0.2$ m 的 LDN 进入长度 $l=200$ m 的矩形港湾不同时刻港内波面的瞬时效果

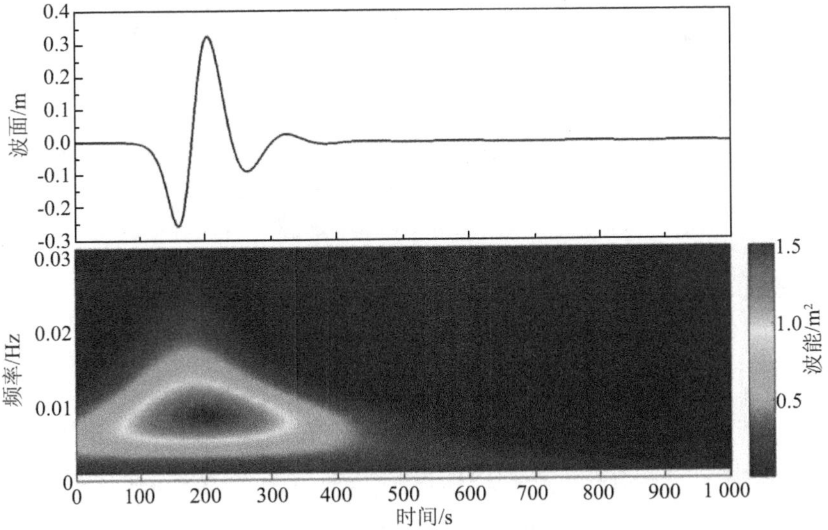

图 5.4　波高 $H=0.2$ m 的 LDN(特征波长 $L=2\ 200$ m)传入长 $l=200$ m 港湾顶端的测点波面过程及其对应的小波谱

谱与时间轴垂直分布(图 5.5 下图,$t=0\sim500$ s),其特性类似物理上的孤立子。波面过程显示 LDN 从开阔水域传入港内波谷幅值有所增加,波峰近似保持不变,此时已不符合等边 N 波及一般化 N 波波形,波动在港内传播呈现出类似孤立波及 LEN 进入较长港湾时表现出的孤立子特性。随着波动能量在口门处辐射出港外,波高减小,具有粒子特性的波浪成分对应的特征波长逐渐增大并最终超过港湾长度,此时港内波况与本书第四章中 LDN 传入较短港湾时激发出港湾共振的波况极为相似,即在港内主要以共振的形式波动。港内波面后期主要呈现第一模态和第二模态的港湾共振现象(图 5.5 下图,$f_1=1.5\times10^{-3}$ Hz,$f_2=4.7\times10^{-3}$ Hz)。

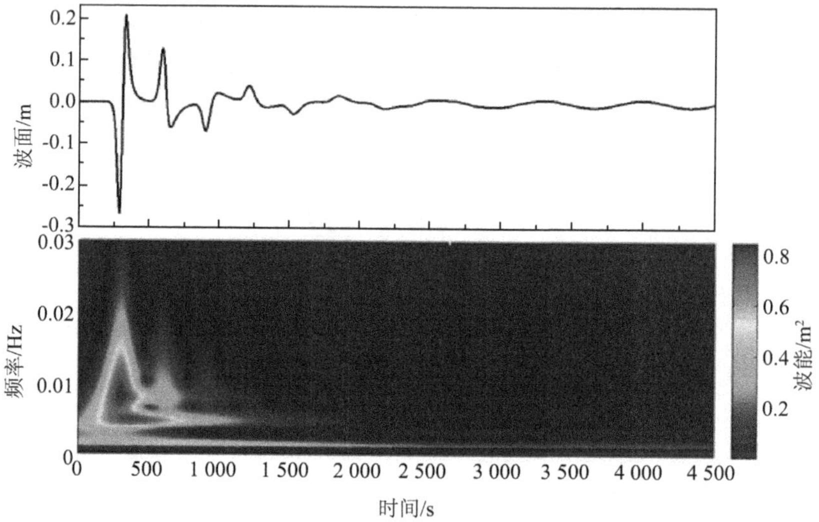

图 5.5　波高 $H=0.2$ m 的 LDN(特征波长 $L=2\ 200$ m)传入长度 $l=2\ 000$ m 港湾的顶端测点波面过程及其对应的小波谱

5.4　较长港湾内的水波运动

随着港湾长度的进一步增加,当港湾长度大于 2 倍 LDN 特征波长时($kl>4\pi$),较长港内自由水面波动呈现出 N 波在外海自由传播的特性。由于口门的汇聚作用,入射波进入港内的波形已不满足 N 波理论的形式,然而经过在港内的长距离传播变形最终仍能演化为一般化 N 波。

图 5.6 显示 LDN 传入较长港湾时,由于波浪从开阔水域进入狭长港湾能量汇集,导致进入港湾后波谷幅值增至 0.136 m(2 000 m,$t=289$ s),波峰

变化较小，为 0.109 m(2 000 m，t=335 s)。由于波谷和波峰幅值不等，港内波动已不符合等边 N 波及一般化 N 波波形，然而在港内入射波经过 2 倍特征波长距离以上的传播变形后波形最终演化为一般化 N 波(图 5.7，t=390～520 s)。

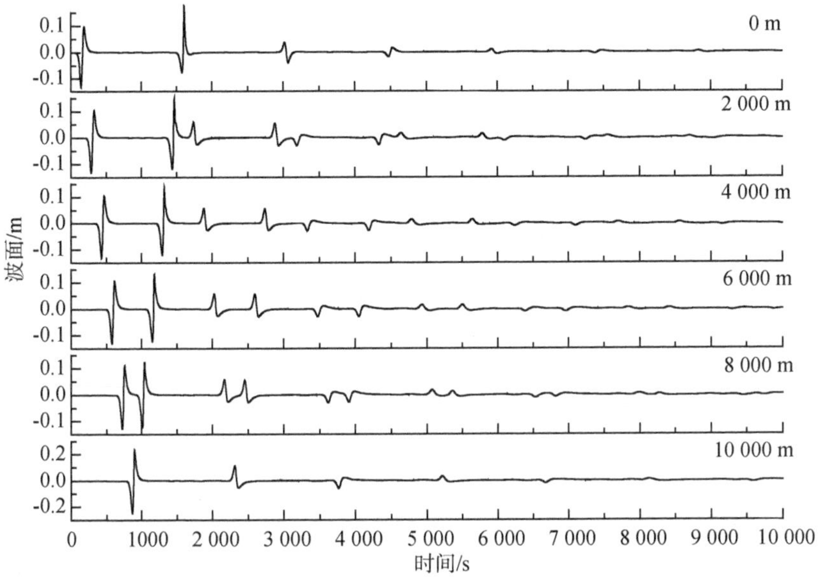

图 5.6 波高 H=0.2 m 的 LDN 传入长 l=10 000 m 的港湾内引发 6 个不同位置处的时间序列

赵曦[15]在海啸传播研究中发现随着传播距离的增加，LDN 色散性和非线性趋于不平衡。当相对波高较大时，由于非线性的影响 LDN 波峰部分出现向孤立波演化的趋势，波峰逐渐增加，如相对波高 $H/h=1.0\times10^{-2}$的 LDN 传播 4 000 倍水深之后波峰高度增加了 90%。在本节研究中 LDN 相对波高 $H/h=5.0\times10^{-2}$，港湾长度约为 LDN 特征波长的 5 倍，由于 LDN 进入较长港湾后传播距离较长，其传播过程类似 LDN 在外海传播，也出现了波峰幅值沿程增加的现象。图 5.7 中，t=0～1 600 s 区间所示为 LDN 进入港湾时的波面以及经顶端反射传出口门前的波面(5 000 m 测点处)，两次波面之间波动来回传播距离为 500 倍水深，在此传播过程中波峰幅值增加了 32%。

由于波谷在前的 N 波是一种推移波，使得由口门处反射回港内的能量表现为一个波峰，该波峰幅值为 0.061 m(图 5.6，2 000 m，t=1 741 s)，约为反射前波谷(图 5.6，2 000 m，t=1 437 s)幅值的 49%；而 N 波波峰部分向外辐射能量的同时也带走了部分水体，使得反射回港内能量表现为一个的波谷，其幅值为 0.027 m(图 5.6,2 000 m,t=1 793 s),是反射前波峰(图 5.6,2 000 m,t=1 446 s)幅值的 18%。由于口门处能量向港外辐射,此时港内的波动不符合等边 N 波波形,但与一般化 N 波的波峰部分吻合良好,但波谷部分有着较明显的差异(图 5.7,t=1 800~2 200 s)。该波动经港湾顶端反射后在传出口门过程中波形近似保持恒定(图 5.7,t=2 500~2 900 s),传至口门处一部分能量反射回港湾形成新的波谷在前波峰在后的波面。虽然该波面波谷幅值较大,但与一般化 N 波的波谷部分吻合良好,然而波峰部分有着较明显的差异(图 5.7,t=3 300~3 700 s)。由于波动后半部分幅值衰减较快,港内逐渐演化成近似单个波谷和单个波峰在港内交替传播的波动形式(图 5.6,t=3 000~10 000 s)。

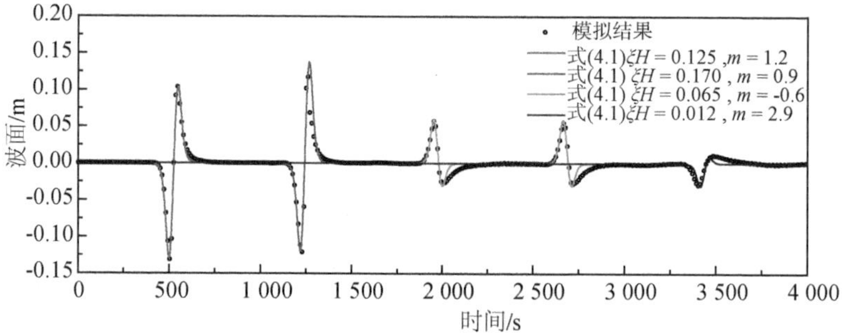

图 5.7 波高 H=0.2 m 的 LDN 传入长 l=10 000 m 港湾 5 000 m 处波面与一般化 N 波公式比较

图 5.8 为图 5.6 中各测点波面对应的小波谱。LDN 传入港内后的能量谱与 LEN 传入港内后能量谱相似。然而随着波动在港内传播,在非线性作用下能量逐渐向波峰转移,使得 N 波能量更加集中,如图 5.8 中 2 000 m 处显示 t=300~1 700 s 区间能量明显。此过程中港内不同频率波浪成分以相同速度传播,其能量谱垂直于时间轴分布。波动传至口门处反射回港湾的波动能量减小,但波动能量谱分布仍垂直于时间轴,表现出类似于物理上的孤立子的性质。此外,港内波动的传播速度近似为 $c=[g(H+h)]^{0.5}$,与孤立波理论的传播速度相同。在整个波动过程中,港湾的共振能量较弱。

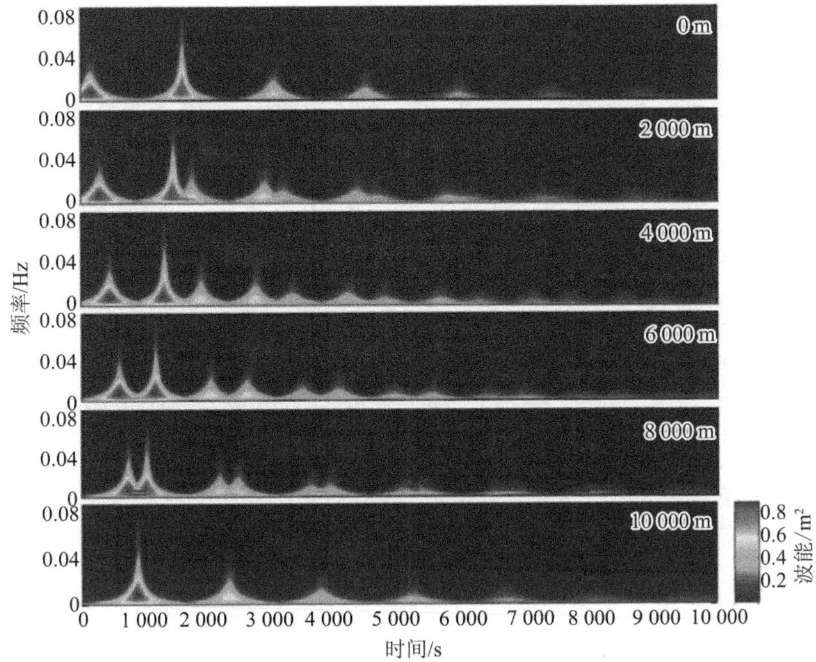

图 5.8　波高 H=0.2 m 的 LDN 传入长 l=10 000 m 的港湾内引发 6 个不同位置处的时间序列对应的小波谱

5.5　能量分析

为了研究 LDN 特征波长与港湾长度关系 kl 对港内能量分布的影响，选取港湾顶端处波面过程，采用时间段 $0\sim10T_1$ 内各波浪频率对应的平均能量之和为总能量 E；由于共振能量主要集中在前三个模态上，高模态能量很小，因此采用前三个模态共振频率对应的平均能量为各模态共振能量 $E_n(E_1,E_2,E_3)$；前三个模态共振频率对应的平均能量之和为共振能量 $E_r=E_1+E_2+E_3$。

图 5.9 为 LDN 传入港湾（l=800～10 000 m）顶端波面的共振能量与总能量之比随 kl 的变化。共振能量占总能量的比例 E_r/E 随着 kl 的增加由 60%逐渐递减至 10%。这是由于 kl 较小时 LDN 进入港湾直接激发港湾共振；随着 kl 的增加，LDN 进入港内以行进波形式传播，使得共振能量所占比例逐渐减小。

图 5.10 显示港湾前三个共振模态能量随 kl 的变化情况。kl 较小时，港内主要呈现第一模态和第二模态的共振能量，其中第一模态能量相对较大。

随着 kl 增加，前两个模态能量占总能量的比例 E_1/E、E_2/E 呈下降趋势，第三模态共振能量逐渐明显。在 $kl>19$ 后出现第二模态能量及第三模态能量达到与第一模态能量近似相同的情况。随着 kl 的增加，港内主要呈现粒子特性的波动能量，共振能量占总能量比例逐渐减小。

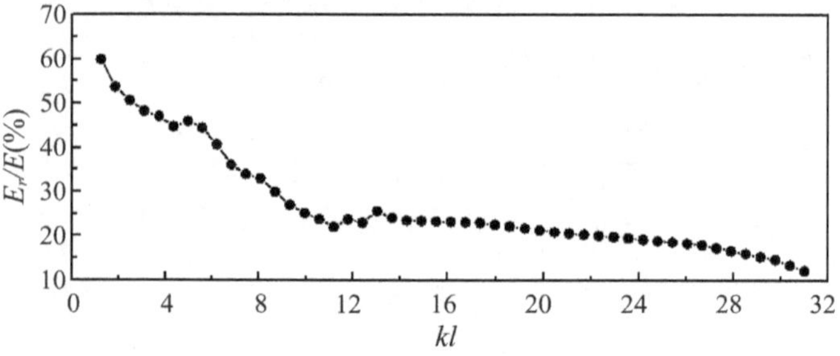

图 5.9　共振模态能量 E_r 占总能量 E 的比例随 kl 的变化

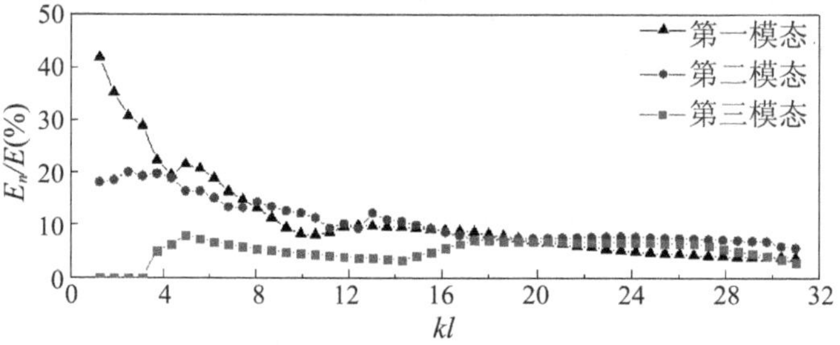

图 5.10　各共振模态能量 E_n 占总能量 E 的比例随 kl 的变化

5.6　港内最大波幅

LDN 进入港内通常在港湾顶端出现最大波幅的波谷，然而当港湾长度远小于其特征波长时港内最大波幅出现在波峰处。为了进一步研究港湾长度及宽度对港内最大波幅的影响，本书同样模拟了非线性为 $H/h=1.0\times10^{-3}$、2.5×10^{-3}、5.0×10^{-3}、7.5×10^{-3}、1.0×10^{-2} 的 LDN，传入长度为 $l=200$ m、400 m、800 m、1 600 m、2 400 m、3 200 m，宽度为 $b=20$ m、100 m、150 m、200 m、300 m、400 m 的矩形港湾所引发港内最大波幅的波动情况。结果表明 LDN 引起港内最大波幅 A_{max} 不仅与港湾的宽相关，还与长度有关，其可以表示为：

$$\frac{A_{max}}{h} = \left[1+Q\left(1-\exp\left(-\frac{l}{b}\right)\right)\operatorname{sech}^n\left(kl-\frac{\pi}{4}\right)\right](1-Rkl)$$

$$\left[\begin{aligned}&\left\{\Psi_1+\lambda_1\exp\left[-\left(\upsilon_1+\upsilon_2\frac{H}{h}\right)\frac{b}{h}(1-e^{-\frac{l}{b}})\right]\right\}\frac{H}{h}\\&+\left\{\Psi_2+\lambda_2\exp\left[-\left(\upsilon_1+\upsilon_2\frac{H}{h}\right)\frac{b}{h}(1-e^{-\frac{l}{b}})\right]\right\}\frac{H^2}{h^2}\end{aligned}\right] \tag{5.1}$$

式(5.1)中$\lambda_1=0.6$、$\lambda_2=20$、$\upsilon_1=0.03$、$\upsilon_2=-10.7$、$\Psi_1=1$、$\Psi_2=0.125$、$n=3$、$Q=0.23$，参数取值同式(4.2)中参数取值方式一致。式(5.1)中υ_1与υ_2分别小于式(4.2)的υ_1与υ_2，表明与LEN相比，LDN最大波幅受港湾宽度影响的衰减程度更加明显。相对于式(4.2)，式(5.1)新增了$(1-Rkl)$项，这是因为LDN在传播过程中受非线性影响，最大波幅是逐渐减小的，其中$R=0.001$，为波幅随港湾长度变化的衰减系数。

图5.11为港湾宽度$b/h=7.5$时，不同非线性条件下LDN引起港内最大波幅随港湾长度的变化规律。式(5.1)与模拟结果很好地吻合在一起。LDN引起港内最大波幅随入射波的非线性增加而减小。港内最大波幅放大系数$2A_{max}/H$在$kl<\pi/4$时随kl增加呈递增趋势。港内最大波幅放大系数极大值出现在$kl=\pi/4$处，这是由于LDN的波谷部分在港湾顶端反射向外传播至口门处，以波峰的形式反射回港内并与其自身的波峰部分相位一致，叠加在一起传至港湾顶端。$kl>\pi/4$时最大波幅放大系数随着kl增加而减小，且递减速率逐渐减小。

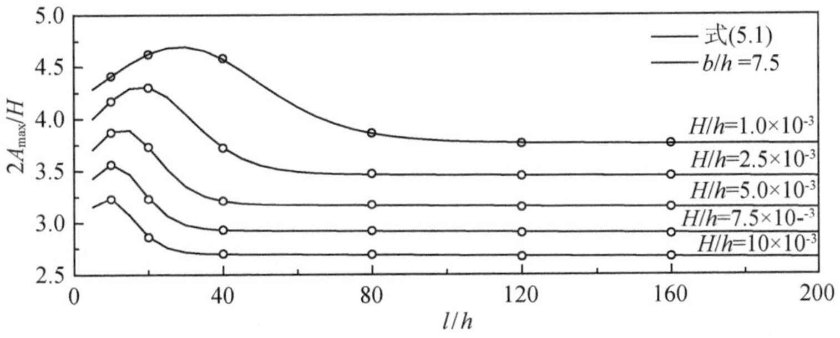

图5.11 不同非线性LDN引起港湾($b/h=7.5$)最大波幅随港湾长度变化

图5.12显示了LDN引起的港内最大波幅在不同港湾宽度条件下随入射波非线性变化的规律。式(5.1)与模拟结果吻合良好，差别最大不超过5%。随港湾宽度增加，港湾最大波幅放大系数$2A_{max}/H$呈单调递减趋势，其

衰减速率随着港湾宽度增大逐渐减小。

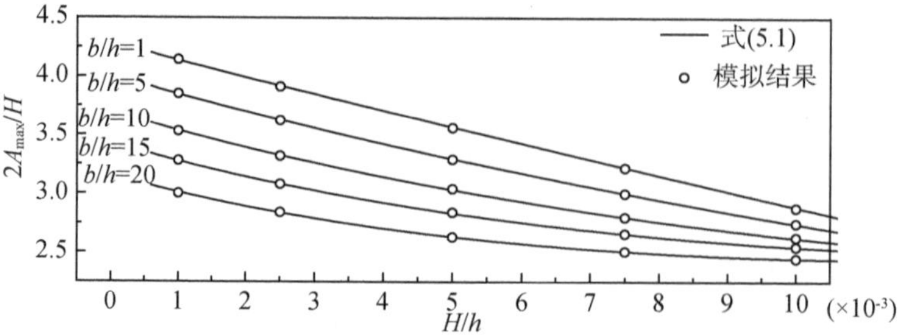

图 5.12　不同宽度港湾($l/h=160$)最大波幅随 LDN 非线性变化

当长度 $l=0$ 或宽度 $b\to+\infty$ 时，港湾顶端处的最大波高即为 LDN 在直立墙上的爬高，此时式(5.1)退至式(4.3)，表明 LDN 在直立墙处的爬高与波峰在前的等边 N 波相同，这与 Liang 等[105]的结论是一致的。

5.7　本章小结

为了研究波谷在前的等边 N 波特征波长与港湾长度对港湾共振的影响，本书采用 Boussinesq 波浪模型模拟了不同波谷在前的等边 N 波进入不同长度矩形港湾引起的波动现象。

波谷在前的等边 N 波进入较短港湾($kl<\pi$)后直接引发港湾共振，共振波幅以指数形式衰减。特别是当入射波特征波长大于 4 倍港湾长度时($kl<1/2\pi$)，港内自由水面出现整体上升和下降的 Helmholtz 共振，最大波幅出现在波谷处。

波谷在前的等边 N 波引发中等长度港湾($\pi<kl<4\pi$)水体运动的粒子性与共振特性均很明显。在初始阶段，存在粒子性能量在港内来回运动，但此时港内入射波波形与等边 N 波及一般化 N 波有明显差异。随着口门处能量的不断衰减，具有粒子性波浪成分特征波长逐渐增加，共振能量逐渐明显。

波谷在前的等边 N 波传入较长港湾($kl>4\pi$)后的演化过程与在外海传播相似，在非线性影响下 N 波能量向波峰转移，经过长距离的传播变形最终演化为一般化 N 波。港内波面主要呈现类似粒子性的波浪运动形式。随着港内能量向外海的辐射，港内波动的粒子性逐渐消失。由于此时特征波长逐渐增加，港内的波动现象逐渐向中等长度港湾的波动现象过渡。

共振能量占总能量的比例 E_r/E 随着波谷在前的等边 N 波特征波长与港湾长度之比的增加而减小。港湾较短时，港内主要呈现第一模态的共振能量，随着港湾长度增加，第二、三模态共振能量逐渐明显。当港湾较长时，港内主要呈现类似孤立子特性的粒子性能量，共振能量占总能量的比例趋于相同并逐渐减小。

波谷在前的等边 N 波进入港湾，在顶端处波幅最大，本章给出不同非线性、港湾长度及宽度等因素影响下的最大波幅公式。公式与模拟结果吻合良好。最大波幅随着港湾宽度的增加而减小。当特征波长大于 8 倍港湾长度（$kl<1/2\pi$）时，随时港湾长度增加最大波幅增大；当波谷在前的等边 N 波特征波长介于 2～8 倍港湾长度（$1/2\pi<kl<4\pi$）时，随港湾长度增加最大波幅减小；当波谷在前的等边 N 波特征波长小于 2 倍港湾长度（$kl>4\pi$）时，最大波幅放大系数随着港湾长度增加线性减小。

第六章　结论与展望

6.1　结论

本书主要研究工作包括从港湾共振理论与数值模型入手，提出基于数值耗散的开边界方法；运用改进后的数值模型模拟三种海啸波（孤立波、波峰在前的等边 N 波、波谷在前的等边 N 波）传入不同长度矩形港湾的波动现象，通过小波分析技术讨论港内波动机制；通过模拟给出了三种海啸波进入矩形港湾引发港内最大波幅的经验公式。具体包括：

根据数值模型计算中随网格空间步长增大数值耗散增加的原理，提出一种基于数值耗散的开边界方法。数值耗散层起始空间步长及网格数是影响消波效果的两个重要因素，对于规则波，空间步长 Δx 取值范围为 $L/128 \sim L/16$ 时，通常数值耗散层取 25～50 个网格即可达到很好的吸收效果；对于孤立波或 N 波等这类特征波长较大、非线性强的波浪，需要较多网格来描述，当空间步长取 $\Delta x = L/120$ 时，通常数值耗散层取 40～70 个网格即可达到很好的吸收效果。由于数值耗散层弥补了海绵层对强非线性波无法完全吸收的不足，使得长时间精确模拟海啸波激发的港湾共振现象得以实现。

揭示了三种海啸波传入不同尺度港湾后港内波动主要呈现出三类机制，并提出量化指标对其进行划分。三种不同海啸波传入矩形港湾后表现出的波动性质表现出以下共性：三种不同海啸波传入较短港湾（$kl < \pi$）时，港内波动皆以共振特性为主；传入较长港湾（$kl > 4\pi$）时，港内波动呈现明显的粒子性；介于以上两者之间（$\pi < kl < 4\pi$）时，港湾波动首先表现出明显的粒子性，随着能量衰减，港内逐渐呈现共振特性。港湾较短时，港内能量中共振能量占主要成分，且第一模态能量比重最大；随着港湾尺度的增加，共振能量在港内比重逐渐减小，前三个模态能量趋于一致，类似粒子性能量在港内逐渐明显。

三种海啸波传入港内由于波形不同港内波动也存在一定差异：孤立波进入港内经过演化会形成新的孤立波波形，而两类等边 N 波进入港湾后无法演化成新的等边 N 波，且波谷在前的等边 N 波在传播过程中受非线性影响大于波峰在前的等边 N 波。

提出三种海啸波进入矩形港湾引发最大波幅的经验公式，揭示三种类型海啸波特征波长及矩形港湾几何参数对港内最大波幅的影响规律。三种海啸波引发港内最大波幅的规律呈现以下共性：港内最大振幅随港湾宽度增加呈指数型衰减；当海啸波非线性参数增大，最大振幅放大系数减小。三种海啸波激发港内最大波幅的规律存在以下差异：孤立波激发港湾最大振幅受港湾长度影响很小，而两类等边 N 波受港湾长度影响明显。当两类等边 N 波特征波长及港湾长度满足 $kl=\pi/4$ 时最大波幅出现极大值，波峰在前的等边 N 波传入港湾后最大波幅出现在第一个波谷上，是由波峰部分传出口门后形成反射回港内的波谷与波峰在前的等边 N 波波谷部分相位一致叠加所致；而波谷在前的等边 N 波传入港湾后最大波幅出现在第一个波峰上，其机理与波峰在前的等边 N 波相似。

6.2 展望

实际港口的布置和地形复杂，海啸激发的港湾共振是一个复杂的港内水体运动过程，本书虽然对其中一部分进行了深入、细致的研究，但是仍有许多问题需要进一步探讨。

实际港湾内的水深是非常复杂的，单纯假定为常水深会有很多局限性，因此，在本书基础上，探讨不同海啸波在不同水深条件下引发的波动现象有着重要的意义。

在很多港湾共振中存在横向共振，目前已有很多关于港湾横向共振的研究，但是还未有海啸波引发的横向共振相关研究报道，因此，可在本研究基础上进一步探讨不同海啸波能否激发港湾横向共振及港内波动机制。

实际港湾布置是非常复杂的，不同海啸波传入不同形状港湾后引发的波动现象还缺乏系统的研究，有待进一步探索。

海啸发生后，除海啸外还伴随常见的风浪和涌浪，他们由于频率不同而传播速度不同，将本次研究推广到海啸波与这些频散波的组合波浪对港湾振荡的影响具有重要的研究意义和实际价值。

参考文献

[1] HIBIYA T, KAJIURA K. Origin of the Abiki phenomenon (a kind of seiche) in Nagasaki Bay[J]. Journal of Oceanography, 1982, 38(3): 172-182.

[2] KULIKOV E A, RABINOVICH A B, THOMSON R E, et al. The landslide tsunami of November 3, 1994, Skagway Harbor, Alaska[J]. Journal of Geophysical Research-Oceans, 1996, 101: 6609-6615.

[3] CANDELA J, MAZZOLA S, SAMMARI C, et al. The "Mad Sea" phenomenon in the Strait of Sicily[J]. Journal of Physical Oceanography, 1999, 29(9):2210-2231.

[4] MERCER D, SHENG J Y, GREATBATCH R J, et al. Barotropic waves generated by storms moving rapidly over shallow water[J]. Journal of Geophysical Research-Oceans, 2002, 107:3152-3168.

[5] DRAGO A F. A study on the sea level variations and the "Milghuba" phenomenon in the coastal waters of the Maltese Islands[D]. Southampton: University of Southampton, 1999.

[6] WILSON B. Advances in Hydroscience[M]. New York: Wiley-Interscience, 1972.

[7] MARCOS M, LIU P L F, MONSERRAT S. Nonlinear resonant coupling between two adjacent bays[J]. Journal of Geophysical Research-Oceans, 2004, 109(C5) :1-11.

[8] JANSA A, MONSERRAT S, GOMIS D. The rissaga of 15 June 2006 in Ciutadella (Menorca), a meteorological tsunami[J]. Advances in Geosciences. 2007, 12:1-4.

[9] CHEN G Y, CHIEN C C, SU C H, et al. Resonance induced by edge

waves in Hua-Lien Harbor[J]. Journal of Oceanography, 2004, 60(6):1035-1043.

[10] PATTIARATCHI C B, SARATH E M. Tide gauge observations of 2004—2007 Indian Ocean Tsunamis from Sri Lanka and Western Australia[J]. Pure and Applied Geophysics, 2009, 166(1-2):233-258.

[11] 于福江，原野，赵联大，等. 2010 年 2 月 27 日智利 8.8 级地震海啸对我国影响分析[J]. 科学通报，2011，56(3):239-246.

[12] MONSERRAT S, VILIBIC I, RABINOVICH A B. Meteotsunamis: atmospherically induced destructive ocean waves in the tsunami frequency band[J]. Natural Hazards and Earth System Sciences, 2006, 6(6):1035-1051.

[13] GOMIS D, MONSERRAT S, TINTORÉ J. Pressure-forced seiches of large amplitude in inlets of the Balearic Islands[J]. Journal of Geophysical Research-oceans. 1993, 98(C8):14437-14445.

[14] DE JONG M P C, BATTJES J A. Seiche characteristics of Rotterdam harbour[J]. Coastal Engineering. 2004, 51(5-6):373-386.

[15] 赵曦. 海啸波生成、传播与爬高的数值模拟[D]. 上海：上海交通大学. 2011.

[16] 李家彪，金翔龙，阮爱国，等. 马尼拉海沟增生楔中段的挤入构造[J]. 科学通报，2004,49(10):1000-1008.

[17] 王兴铸，李坤平，余宙文. 龙口港内港湾振动的概要特征[J]. 海洋湖沼通报，1986，(2):1-5.

[18] 李坤平，陈则实. 小长山港内港湾假潮变化的基本特征[J]. 黄渤海海洋，1999，(3):10-15.

[19] 刘凤树. 胶州湾假潮现象的初步分析[J]. 海洋与湖沼，1986，(1):45-56.

[20] 刘赞沛，陈则实，鄢利农，等. 蓬莱近岸非潮汐水位波动[J]. 海洋与湖沼，2001，32(4):363-370.

[21] 李宝泰. 东海沿岸假潮基本特征[J]. 海洋通报，2000，(3):1-8.

[22] 夏综万，林少奕，王永信，等. 南海北部沿岸海洋站的假潮[J]. 海洋与湖沼，2002，(1):8-14.

[23] 李培顺，曹丛华，江崇波，等. 龙口港的假潮及成因探讨[J]. 海洋通报，2003，22(5):1-8.

[24] BIESEL F, LEMEHAUTE B. Mouvements de Résonance à Deux Dimensions Dans Une Enceinte Sous L'action D'ondes Incidentes[J]. La Houille Blanche, 2011,42(3): 348-374.

[25] LEMEHAUTE B. Theory of wave agitation in a harbor[J]. Journal of the Hydraulics Division, 1961, 87(2):31-50.

[26] MILES J, MUNK W. Harbor paradox[J]. Journal of the Waterways and Harbors Division, 1961, 87(3):111-32.

[27] LEMEHAUTE B. Discussion of the paper "Harbor Paradox"[J]. Journal of the Waterways and Harbors Division, 1962, 88(1):173-185.

[28] IPPEN A T, RAICHLEN F, SULLIVAN R K. Wave induced oscillations in harbors: effect of energy dissipators in coupled basin systems [R]. Cambridge: Massachusetts Institute of Technology, 1962.

[29] IPPEN A T, GODA Y. Wave induced oscillations in harbors: the solution for a rectangular harbor connected to the open sea[R]. Cambridge: Massachusettes Institute of Technology, 1963.

[30] IPPEN A T, FATTAH Q N. Wave induced oscillations in harbors: the effect of the variation of geometric parameters on the response of rectangular harbors[R]. Cambridge: Massachusetts Institute of Technology, 1964.

[31] MEI C C, ÜNLÜATA Ü. Resonant scattering by a harbor with two coupled basins[J]. Journal of Engineering Mathematics, 1976, 10(4): 333-353.

[32] MATTIOLI F, TINTI S. Wave-induced oscillations in large-mouthed harbours[J]. Physics and Astronomy, 1978, 1 (1):18-30.

[33] YU X P. Oscillations in a coupled bay-river system. 1. Analytic solution[J]. Coastal Engineering. 1996, 28(1-4):147-164.

[34] WANG G, DONG G H, PERLIN M, et al. An analytic investigation of oscillations within a harbor of constant slope[J]. Ocean Engineering, 2011, 38(2-3):479-486.

[35] 郑金海，董文凯，徐龙辉，等. 矩形及其扩展形状港湾内的水波共振[J]. 计算力学学报，2014，31(2):254-258.

[36] 郑金海，董文凯，徐龙辉，等. 正五边形港湾内的水波共振[J]. 河海大

学学报(自然科学版)，2014，42(3):262-266.

[37] 徐龙辉. 不同形状港湾内的水波共振研究[D]. 南京：河海大学，2013.

[38] 王岗，郑金海，徐龙辉，等. 椭圆形港湾内水波共振的解析解[J]. 工程力学，2014，31(4):252-256.

[39] BOWERS E C. Harbor resonance due to set-down beneath wave groups[J]. Journal of Fluid Mechanics，1977，79(1):71-92.

[40] MEI C C，AGNON Y. Long-period oscillations in a harbour induced by incident short waves[J]. Journal of Fluid Mechanics，1989，208:595-608.

[41] WU J K，LIU P L F. Harbour excitations by incident wave groups[J]. Journal of Fluid Mechanics，1990，217:595-613.

[42] WANG G，ZHENG J H，MAA J P Y，et al. Numerical experiments on transverse oscillations induced by normal-incident waves in a rectangular harbor of constant slope[J]. Ocean Engineering，2013，57：1-10.

[43] RAICHLEN F，IPPEN A T. Wave induced oscillations in harbors[J]. Journal of the Hydraulics Division，1965，91(2):1-26.

[44] ROGERS S R，MEI C C. Nonlinear resonant excitation of a long and narrow bay[J]. Journal of Fluid Mechanics，1978，88(1):161-180.

[45] GIROLAMO D. An experiment on harbour resonance induced by incident regular waves and irregular short waves[J]. Coastal Engineering，1996，27(1-2):47-66.

[46] DONG G，WANG G，MA X，et al. Harbor resonance induced by subaerial landslide-generated impact waves[J]. Ocean Engineering，2010，37(10):927-934.

[47] LEE J J. Wave induced oscillations in harbors of arbitrary shape[D]. Pasadena：California Institute of Technology，1969.

[48] CARRIER G F，SHAW R P，MIYATA M. Channel effects in harbor resonance[J]. Journal of the Engineering Mechanics Division，1971，97(6):1703-1716.

[49] BERKHOFF J C W. Computation of combined refraction-diffraction：Proceedings of 13th International Conference on Coastal Engineering[C]. Vancouver，1972.

[50] CARRIER G F, SHAW R I. Response of narrow mouthed harbors to tsunamis[R]. International Symposium on Tsunamis, 1969.

[51] HWANG L S, TUCK E O. On the oscillations of harbours of arbitrary shape[J]. Journal of Fluid Mechanics, 1970, 42:447-464.

[52] CARRIER G F, SHAW R P, MIYATA M. The Response of narrow-mouthed harbors in a straight coastline to periodic incident waves[J]. Journal of Applied Mechanics. 1971, 38(2):335-344.

[53] LEE J J, RAICHLEN F. Wave induced oscillations in harbors with connected basins [R]. Pasadena: California Institute of Technology, 1971.

[54] OLSEN K, LI H S. Oscillations in a bay of arbitrary shape and variable depth[J]. Journal of Geophysical Research Atmospheres, 1971, 76(21):5048-5064.

[55] CHEN H S, MEI C C. Oscillations and wave forces in an offshore harbor-applications of hybrid finite element method to water-wave scattering[R]. Cambridge: Massachusetts Institute of Technology, 1974.

[56] MILES J W, LEE Y K. Helmholtz resonance of harbours[J]. Journal of Fluid Mechanics, 1975, 67(3):445-464.

[57] LEPELLETIER T G. Response of harbors to transient waves: a progress report[R]. Pasadena: California Institute of Technology, 1978.

[58] TSAY T K, LIU P L F. A finite element model for wave refraction and diffraction[J]. Applied Ocean Research, 1983, 5(1):30-37.

[59] TSAY T K, ZHU W, LIU P L F. A finite element model for wave refraction, diffraction, reflection and dissipation[J]. Applied Ocean Research, 1989, 11(1):33-38.

[60] HOUSTON J R, GARCIA A W. Type 16 flood insurance study: tsunami prediction for the west coast of the continental United States[R]. US: Army Engineers Waterways Experiment Station, 1978.

[61] PEREGRINE D H. Long waves on a beach[J]. Journal of Fluid Mechanics, 1967, 27(4):815-827.

[62] WITTING J M. A unified model for the evolution nonlinear water waves[J]. Journal of Computational Physics, 1984, 56(2):203-236.

[63] MADSEN P A, SØRENSEN O R. A new form of the Boussinesq equations with improved linear dispersion characteristics[J]. Coastal Engineering, 1991, 15(4):371-388.

[64] NWOGU O. Alternative form of Boussinesq equations for nearshore wave propagation[J]. Journal of Waterway, Port, Coastal and Ocean Engineering, 1993, 119(6):618-638.

[65] SCHÄFFER H A, MADSEN P A. Further enhancements of Boussinesq-type equations[J]. Coastal Engineering, 1995, 26(1-2):1-14.

[66] WEI G, KIRBY J T, GRILLI S T, et al. A fully nonlinear Boussinesq model for surface-waves. Part 1. Highly nonlinear unsteady waves [J]. Journal of Fluid Mechanics, 1995, 294:71-92.

[67] GOBBI M F, KIRBY J T, WEI G. A fully nonlinear Boussinesq model for surface waves. Part 2. Extension to $O(kh)^4$[J]. Journal of Fluid Mechanics, 2000, 405:181-210.

[68] RAICHLEN F, NAHEER E. Wave induced oscillations of harbors with variable depth: Proceedings 15th International Conference on Coastal Engineering[C]. Honolulu, 1976.

[69] LEPELLETIER T G. Tsunamis-harbor oscillations induced by nonlinear transient long waves[D]. Pasadena: California Institute of Technology, 1980.

[70] LEPELLETIER T G, RAICHLEN F. Harbor oscillations induced by nonlinear transient long waves[J]. Journal of Waterway, Port, Coastal and Ocean Engineering, 1987, 113(4):381-400.

[71] Nwogu O G. Time domain simulation of long period oscillations in harbors: Proceedings of the 27th International Conference on Coastal Engineering[C]. Sydney, 2000.

[72] WOO S B, LIU P L F. Finite-element model for modified Boussinesq equations. Ⅱ: Applications to nonlinear harbor oscillations[J]. Journal of Waterway, Port, Coastal and Ocean Engineering, 2004, 130 (1):17-28.

[73] 王岗，马小舟，马玉祥，等. 短波对港池长周期振荡的影响[J]. 工程力学. 2010, 27(4):240-245.

[74] DONG G H，GAO J L，MA X Z，et al. Numerical study of low-frequency waves during harbor resonance[J]. Ocean Engineering，2013，68(1)：38-46.

[75] WANG G，DONG G H，PERLIN M，et al. Numerical investigation of oscillations within a harbor of constant slope induced by seafloor movements[J]. Ocean Engineering，2011，38(17-18)：2151-2161.

[76] 史宏达，徐国栋，孙龙龙. 矩形港池的港内共振研究[J]. 海岸工程，2011，32(2)：14-21.

[77] 殷学成，马小舟，马玉祥，等. 规则形状港池共振能量演变[J]. 中国水运(下半月)，2014，14(2) ：369-372.

[78] 马小舟，刘嫔，王岗，等. 孤立波作用下细长港响应的数值研究[J]. 计算力学学报，2013，30(1)：101-105.

[79] 孙忠顺，马小舟，王岗. N 型波浪激发港口振荡的数值研究[J]. 中国水运(下半月)，2013，13(7)：63-66+157.

[80] 董文凯. 铁山港规划方案水波共振数值模拟研究[D]. 南京：河海大学，2014.

[81] BRUNO D，SERIO F，MOSSA M. The FUNWAVE model application and its validation using laboratory data[J]. Coastal Engineering，2009，56(7)：773-787.

[82] HAMMACK J L. Tsunamis—A model of their generation and propagation[R]. Pasadena：California Institute of Technology，1972.

[83] HAMMACK J L. A note on tsunamis：their generation and propagation in an ocean of uniform depth[J]. Journal of Fluid Mechanics，1973，60(4)：769-799.

[84] HAMMACK J L，SEGUR H. The Korteweg-de Vries equation and water waves. Part 2. Comparison with experiments[J]. Journal of Fluid Mechanics，1974，65(2)：289-314.

[85] HAMMACK J L，SEGUR H. The Korteweg-de Vries equation and water waves. Part 3. Oscillatory waves[J]. Journal of Fluid Mechanics，1978，84(2)：337-358.

[86] HAMMACK J L，SEGUR H. Modelling criteria for long waves[J]. Journal of Fluid Mechanics，1978，84(2)：359-373.

[87] LEE S J. Generation of long water waves by moving disturbances[R]. Pasadena: California Institute of Technology, 1985.

[88] LEE S J, YATES G T, WU T Y. Experiments and analyses of up-stream-advancing solitary waves generated by moving disturbances[J]. Journal of Fluid Mechanics, 1989, 199:569-593.

[89] SYNOLAKIS C E. The runup of long waves[R]. Pasadena: California Institute of Technology, 1986.

[90] TADEPALLI S, SYNOLAKIS C E. The run-up of N-waves on sloping beaches[J]. Proceedings of The Royal Society of London Series A-Mathematical Physical and Engineering Sciences, 1994, 445(1923):99-112.

[91] MADSEN P A, SCHAFFER H A. Analytical solutions for tsunami runup on a plane beach: single waves, N-waves and transient waves [J]. Journal of Fluid Mechanics, 2010, 645:27-57.

[92] SYNOLAKIS C E. Advances in coastal engineering 4[M]. Singapore: World Scientific, 1999.

[93] WEI G, KIRBY J T. Simulation of water waves by Boussinesq models [R]. Delaware: Center for Applied Coastal Research. 1998.

[94] WEI G, KIRBY J T, SINHA A. Generation of waves in Boussinesq models using a source function method [J]. Coastal Engineering, 1999, 36(4):271-299.

[95] LARSEN J. DANCY H. Open boundaries in short wave simulations —A new approach[J]. Coastal Engineering, 1983, 7(3):285-297.

[96] LEE C, CHO Y S, YUM K. Internal generation of waves for extended Boussinesq equations[J]. Coastal Engineering, 2001, 42(2):155-162.

[97] 王岗，许建武，郑金海. 利用数值耗散层改进 Boussinesq 模型的无反射边界条件[J]. 工程力学，2012，29(10):239-243.

[98] WEI G. KIRBY J T. Time-dependent numerical code for extended Boussinesq equations[J]. Journal of Waterway Port Coastal and Ocean Engineering-Asce, 1995, 121(5):251-261.

[99] 邹志利. 水波理论及其应用[M]. 北京：科学出版社，2005.

[100] MADSEN P A, FUHRMAN D R, SCHÄEFFER H A. On the soli-

tary wave paradigm for tsunamis[J]. Journal of Geophysical Research-Oceans, 2008, 113(C12):1-22.

[101] BOUSSINESQ J. Théorie des ondes et des remous qui se propagent le long d'un canal rectangulaire horizontal, en communiquant au liquide contenu dans ce canal des vitesses sensiblement pareilles de la surface au fond[J]. Journal of Mathematical Pure et Application, 1872, 17: 55-108.

[102] 许泰文. 近岸水动力学[M]. 台北：科技图书股份有限公司，2003.

[103] BYATT-SMITH J G B. An integral equation for unsteady surface waves and a comment on the Boussinesq equation[J]. Journal of Fluid Mechanics, 1971, 49(4):625-633.

[104] MEI C C. Applied dynamics of ocean surface waves[M]. New York: Wiley-Interscience, 1983.

[105] LIANG D, GOTOH H, KHAYYER A, et al. Boussinesq modelling of solitary wave and N-wave runup on coast[J]. Applied Ocean Research, 2013, 42:144-154.